beck**^Ische
reihe**

b**^{sr}**

Was sind die fünf größten Modesünden? – Gibt es Klassiker, die jeder im Schrank haben sollte? – Was trägt man zu Abendeinladungen?

Jeder, der schon einmal ratlos vor dem Kleiderschrank stand, findet nun endlich Antworten auf ganz alltägliche Kleidungsfragen. Darüber hinaus führt die Modejournalistin Stefanie Schütte kenntnisreich in die Modegeschichte sowie die aktuelle «Fashion World» ein: Man erfährt, seit wann Männer Hosen tragen, wer den Minirock erfand und ob der Papst einen eigenen Modedesigner hat. Außerdem wird man mit wichtigen Modedesignern vertraut gemacht, etwa wenn es darum geht, ob Coco Chanel bedeutender für die Mode des 20. Jahrhunderts war als Yves Saint Laurent oder was Prada zum Synonym für modische Klasse gemacht hat. Das Buch bietet eine amüsante und informative Einführung in die Welt der Mode, Fashion und Haute Couture.

Stefanie Schütte ist seit über 15 Jahren Modekorrespondentin bei der Deutschen Presse-Agentur (dpa) und berichtet regelmäßig von den Laufstegen der internationalen Modeszene sowie über aktuelle Modetrends. Im Verlag C.H.Beck sind von ihr erschienen: *Magisch angezogen. Mode, Medien, Markenwelten* (mit Susanne Becker, 1999) und *Die großen Modedesignerinnen. Von Coco Chanel bis Miuccia Prada* (²2007).

Stefanie Schütte

Die 101 wichtigsten Fragen

Mode, Fashion, Haute Couture

Verlag C.H.Beck

Mit 30 Abbildungen und 8 Vignetten im Text

Originalausgabe

© Verlag C.H.Beck, München 2011
Satz: Fotosatz Amann, Aichstetten
Druck und Bindung: Druckerei C.H.Beck, Nördlingen
Umschlagabbildung: Hut aus rotem Samt mit Rosenbesatz
von Bonwit Teller. Coverfoto von John Rawlings für die US-Vogue,
August 1944, © John Rawlings/Condé Nast Archive/Corbis
Umschlagentwurf: malsyteufel, willich
Printed in Germany
ISBN 978 3 406 60619 9

www.beck.de

Inhalt

Die sogenannte Fashion World

Vorbilder

Modische Alltagsfragen

die Regel, dass zum kurzen Kleid oder Rock zwangsläufig hässliche Nylonstrümpfe gehören?   100

Das Drumherum

Hersteller und Handel

Nochmal ganz grundsätzlich

Vorwort

Mode mag man überflüssig finden oder essenziell, frivol oder bedeutsam – entrinnen kann ihr niemand. Die Mode umzingelt uns, lacht uns draußen auf Citylights und Litfasssäulen ins Gesicht, flimmert zu Hause über den Fernsehschirm, beherrscht die Zeitschriften, die wir lesen, oder ärgert uns als Pop-up im Internet. Und da sich jeder irgendwie kleidet, rückt sie uns permanent auch direkt auf den Leib. «Mode hat etwas mit Ideen zu tun, damit, wie wir leben», hat Oscar Wilde gesagt. Im weiten Sinn bezeichnet der Begriff «Mode» genau das: eine auf einen bestimmten Zeitraum begrenzte Art, Dinge zu tun, eine Sitte, einen Brauch, etabliert aus einer bestimmten Weltsicht heraus. In diesem Band wird das Wort «Mode» im engeren Sinn benutzt, so wie es sich umgangssprachlich eingebürgert hat, als «Kleidung» bzw. all das, was wir auf dem oder am Körper tragen. Der Begriff «Mode» wird somit so verstanden, wie es eben heute «in Mode» ist. Auch die Welt der Designer und Händler, der Industrie und Magazine, der ganze rasant sich drehende Modezirkus gehört heute dazu. Doch Oscar Wildes Verweis auf die Ideen soll dabei nicht zu kurz kommen. Mode erwächst aus dem Geist ihrer jeweiligen Zeit, und ihre vermeintliche Oberflächlichkeit hat viel damit zu tun, dass sie auch so flüchtig vergeht wie dieser. Mode spiegelt die Grundbedingung unseres Lebens, die Vergänglichkeit. Vielleicht ruft sie deswegen oft so heftige Reaktionen hervor, ob in Form von Begeisterung, gar Hörigkeit, Unverständnis oder strikter Ablehnung. Doch immer wirft Mode Fragen auf. Die wichtigsten von ihnen sind hier gesammelt.

Erstmal ganz grundsätzlich

1. Wozu Mode? Ob wir uns nun aus Schamhaftigkeit kleiden, wie die Genesis es beschreibt, oder nach Schutz vor Wind und Wetter, Eis oder Sonne suchen, das ist an dieser Stelle unerheblich. Seit Menschengedenken gibt es Kleidung, doch warum gibt es den Wunsch, diese in einer über den puren Zweck hinausgehenden Art zu gestalten und dann auch noch in regelmäßigen Abständen zu verändern? Was leistet also Mode?

Zum einen befriedigt sie den menschlichen Geltungs- sowie den damit verbundenen Nachahmungstrieb. Schon Georg Simmel beschrieb in seinem berühmten Aufsatz «Die Mode» am Anfang des 20. Jahrhunderts «Nachahmung», «individuelle Differenzierung» und das «Sich-Abheben von der Allgemeinheit» als Lebensbedingungen der Mode.[1] Der Soziologe Pierre Bourdieu sprach viele Jahrzehnte später in seinem Hauptwerk «Die feinen Unterschiede» in diesem Zusammenhang von «Distinktionsgewinn». Die Durchsetzung eines bestimmten Lebens- bzw. in diesem Sinne Kleidungsstils dient demnach als Mittel zum Erreichen gesellschaftlicher Positionen.[2] Folgt man beiden Theoretikern, muss der Mechanismus, der dabei zu dem für die Mode charakteristischen Wechsel führt, in etwa so funktionieren: Wir ziehen uns auf eine bestimmte Art und Weise an, um etwas darzustellen, eine bestimmte Rolle in der Gesellschaft zu spielen. Höchstwahrscheinlich ahmen wir dabei bewusst oder unbewusst schon das Kleidungsverhalten von jemandem nach, dessen Platz wir begehrenswert finden. Sofern wir Erfolg dabei haben, werden wir unsererseits wieder von jemandem imitiert, der die gleiche Rolle einnehmen möchte. Und so fort. Irgendwann ist eine bestimmte Anzahl von Leuten erreicht, die sich alle ähnlich kleiden. Damit wird der Geltungstrieb nicht mehr befriedigt und unser bisheriges Kleidungsverhalten nutzlos. Wenn sich alle so anziehen wie ich, kann ich nicht mehr herausstechen. Und schon muss ich mich anders kleiden – es ist das ewige Gesetz von Avantgarde und Mainstream, das hier greift. Sobald die Avantgarde vom Mainstream erfasst wird, muss sie sich neu orientieren, um wieder eine individuelle Anmutung zu erhalten. Somit geht das

Ganze wieder von vorne los, ein ewiger Wechsel entsteht, eben Mode.

Eng verknüpft mit dem Geltungsbedürfnis ist eine andere Triebkraft der Mode: das Zugehörigkeitsgefühl zu einer bestimmten Gruppe, die sichtbare Eingliederung in eine soziale Hierarchie und das Zur-Schau-Stellen dieser Stellung bzw. dieses Status. «Kleider machen Leute» heißt es nicht umsonst. Rapper kleiden sich anders als Punks, Investment-Banker anders als Architekten, Models anders als Anwältinnen. Innerhalb der Gruppen ist dann je nach Status auch das Kleidungsverhalten wieder unterschiedlich. Greift der Vorstandsvorsitzende vielleicht bei Anzügen eher zu der teuren, exklusiven Marke Kiton, reist an die Savile Row nach London zu seinem Schneider oder lässt sich in der «Su Misura»-Linie von Zegna etwas individuell anpassen, so kauft der Teamleiter aus der gleichen Branche vielleicht eher bei «Boss» seine Zweiteiler ein. Und mit diesem Kleidungsverhalten (das natürlich auch vom Einkommen abhängig ist) werden deutliche Zeichen über die Position des Einzelnen nach außen gegeben. Auch hier führt die schnelle Veränderbarkeit der Welt zum Modewechsel. Als beispielsweise die «New Economy» aufkam und sich Banker und Anwälte plötzlich mit coolen Typen konfrontiert sahen, die in lockeren Klamotten zu Hause am Computer geniale Ideen entwickelt hatten und zu unglaublich viel Geld gekommen waren, änderte sich auch ihr Kleidungsverhalten. Wer hat schon Lust, im korrekten Dreiteiler und mit Krawatte einem schwerreichen Mandanten in Jeans und Turnschuhen gegenüberzusitzen? Der «Casual Friday» – die Gepflogenheit, am Freitag den Dresscode zu lockern – wurde fortan auf immer mehr Wochentage erweitert, und das bei den zuvor extrem konservativ gekleideten Beratern und Finanzleuten. Als die «New Economy»-Blase platzte und sich viele der hochfliegenden Ideen der äußerlich so «coolen» Typen als heiße Luft erwiesen, zogen die Kleidungsvorschriften prompt wieder an. Zwar gibt es den «Casual»-Look immer noch, doch in deutlich gemäßigter Form.

Es wäre allerdings ziemlich trist, wenn Distinktion, Darstellung des Status und Nachahmung die einzigen Triebkräfte der Mode wären. Schließlich macht Mode Spaß – zum einen befriedigt sie den Drang des Menschen, sich zu schmücken, zum anderen den, sein

Dasein schöpferisch zu verändern. Das Schmücken des Körpers findet sich quer durch alle Kulturen und Zivilisationen, in Form von Körperbemalung, gewagten Haartrachten, Körperschmuck, aber auch Veränderungen des Körpers selbst wie die zu Scheiben gezogenen «Tellerlippen» äthiopischer und sudanesischer Stämme, die extremen Tailleneinschnürungen in westlichen Ländern im 18. und 19. Jahrhundert oder abgebundenen «Lotusfüße» in der chinesischen Tradition. Und natürlich gehört auch Kleidung dazu. Das Schmücken des Körpers kann zudem die sexuelle Anziehungskraft enorm steigern – banalstes Beispiel sind die High Heels bei Frauen, die jene in eine sexuell attraktive Position mit herausgeschobenem Po und Busen bringen. Die Erhöhung der Attraktivität auf das andere (oder auch das gleiche) Geschlecht ist möglicherweise sogar der stärkste und erkennbarste Effekt von Mode. Ich würde diesem noch ein weiteres Moment hinzufügen, welches ich für die eigentliche Triebkraft dieses immerwährenden Kleiderwechsels halte. Mit Mode versuchen wir, uns immer wieder selbst zu erneuern. Wir kaufen uns ein Kleid oder eine Hose, um ein anderes, uns verführerisch erscheinendes Bild von uns zu entwerfen. Und für kurze Zeit glauben wir auch an dieses Bild. Mode gleicht damit einer steten Verjüngung, sie hilft uns im Umgang mit unserer *Conditio sine qua non*, dem Älterwerden und der Gewissheit des Todes. Indem wir das neue Bild von uns ergreifen, lassen wir das vorherige zum alten Bild werden, wohl wissend, dass auch das Neue vergänglich ist und bald wieder ein Altes sein wird. Es ist ein fast spielerischer Umgang mit Sterblichkeit, den uns die Mode ermöglicht, und vielleicht zieht sie uns genau damit so unwiderstehlich an.

2. Was ist der Unterschied zwischen Stil und Mode?   «Chanel ist keine Mode, Chanel ist ein Stil», hat Coco Chanel einmal ziemlich hochtrabend verkündet. Natürlich hatte die berühmteste Modeschöpferin des 20. Jahrhunderts damit recht, auch wenn Chanel-Entwürfe durchaus sehr modisch sein können. Für Stil bedarf es einer wiedererkennbaren Handschrift, bestimmter Eigenarten, die man einer ganz bestimmten Person oder einer ganz bestimmten Modemarke zuordnen kann. Und die sich so harmonisch zusammenfügen, dass ein stimmiger, eigenständiger, den Wechsel der modischen Trends überdauernder Gesamteindruck entsteht. Marken wie auch einzelne zu Stil-Ikonen gekürte Personen erreichen dies häufig mittels bestimmter wohlgewählter Key-Items, bestimmter Schlüsselelemente, die immer wieder auftauchen. Im Falle Chanel etwa der Tweed als Kostümstoff, die Kombination von Schwarz und Weiß oder Beige und Weiß, der flache, zweifarbige Ballerina-Schuh, die lange Perlenkette, der mädchenhafte Schnitt der Kleider sowie ein ganz leichter Hauch von Pariser Frivolität. Bei einer Stil-Ikone wie Audrey Hepburn wären Key-Items die schmal geschnittenen Pullover, die schmalen Sieben-Achtel-Hosen, flache Schuhe, Etui-Kleider, Kostüme mit kleinem Armloch und große Sonnenbrillen.

Für jemanden mit Stil ist das größte Schimpfwort «Fashion Victim», für ein «Mode-Opfer» hingegen mag der Stil-Papst als Langweiler erscheinen. Gianni Versace, der zeitlebens vor modischen Übertreibungen keine Scheu hatte, spottete einst über den damaligen Hohepriester der Eleganz, Armani: «Seine Jacken sind beige, sein Haus ist beige, er selbst ist beige.» Und setzte dem italienischen Kollegen seinen knalligen, oft alle Stilregeln über den Haufen werfenden Mix entgegen. Stil steht für Konstanz, Mode für steten Wechsel. Und wenn beides übertrieben wird, kann Stil in Langeweile und Mode in Idiotie umkippen. Ideal wirkt eine Kombination aus beidem. «Stilvolle Eleganz ist nie nur zurückhaltend oder langweilig, sondern kunstvoll komponiert», schreibt der Schweizer Modekritiker Jeroen van Rooijen. «Auf der anderen Seite sind die verrücktesten Looks vom Laufsteg auf der Strasse manchmal nur noch lächerlich und peinlich. Es gibt also gute Gründe, sich mit der Tradition der Mode genauso zu befassen wie mit den wechselnden Winden des Zeitgeists».[3] Recht hat er.

3. Was bedeutet eigentlich «Haute Couture»? Gängigerweise übersetzt man den französischen Ausdruck «Haute Couture» mit «Hohe Schneiderkunst». In Frankreich verbindet sich damit eine feste Qualitätsbezeichnung, die gegenüber dem «Prêt-à-Porter», der Konfektionsmode, abgegrenzt wird. Paris firmiert bis heute als Hauptstadt der Haute Couture, die die Traditionen von Einzelanfertigung nach Maß und kunstvoller Handarbeit bewahrt. Zwar

Perfekte Schneiderkunst: Haute Couture von Dior für Herbst/Winter 2010/11

war der Modemacher Charles Frederick Worth (1826–1895), der als Begründer der Haute Couture gilt, ein gebürtiger Engländer, doch berühmt wurde er in Paris mit seinem 1858 eröffneten eigenen Modehaus in der Rue de la Paix. Er regte auch 1868 die Gründung der Pariser «Chambre Syndicale de la Haute Couture» an, die als Kammer bis heute die französischen Couturiers vereint.

Ein Modehaus, das sich «Maison der Haute Couture» nennen darf, muss strenge, von der Kammer herausgegebene Vorgaben erfüllen. Demnach muss es neben dem Beherrschen des Schneiderhandwerks und der traditionellen Techniken mindestens 20 Angestellte haben, mindestens 25 Modelle pro Saison entwerfen und seit mindestens vier Jahren auf dem von der Kammer herausgegebenen Kalender der Couture-Schauen erscheinen. Denn auf diesem Kalender stehen auch die eingeladenen «Aspiranten» auf die Bezeichnung einer Maison de Haute Couture, auch sie müssen also pro Saison je eine Schau ihrer Modelle veranstalten. Jedes Jahr erstellt eine Kommission des französischen Ministère de l'Industrie eine Liste der Designer, die sich als Couturier bezeichnen dürfen. Allerdings: Diese Kommission hat anders als früher heute das

Recht, auch Häuser, die die Kriterien nicht erfüllen, in den Stand einer Maison de Haute Couture zu erheben. Die Couture gilt als aussterbendes, nicht profitables Gewerbe, und daher will man aufstrebenden jüngeren Modemarken den Aufstieg erleichtern, sonst gäbe es bald überhaupt keine Haute Couture-Häuser mehr. Elf Häuser durften Anfang 2011 die Bezeichnung «Haute Couture» tragen: Adeline André, Anne Valérie Hash, Atelier Gustavolins, Chanel, Christian Dior, Christophe Josse, Franck Sorbier, Givenchy, Jean Paul Gaultier, Maurizio Galante und Stéphane Rolland. Vier weitere, nicht aus Frankreich stammende Häuser wurden von der Chambre als «korrespondierende Mitglieder» geführt: Elie Saab, Giorgio Armani, Maison Martin Margiela und Valentino. Neben diesen wurden zudem sieben Modemarken (z. B. Alexandre Vauthier oder Alexis Mabille) eingeladen, ihre Modelle im Rahmen der zweimal jährlich stattfindenden Schauen neben den offiziellen Couturiers zu zeigen. Anders als bei den ebenfalls zweimal jährlich stattfindenden Prêt-à-Porter-Schauen sitzen bei der Couture neben Journalisten und Prominenz wirklich die direkten Kundinnen im Publikum. Diese lassen sich dann in den Ateliers die Entwürfe anpassen. Weltweit wird die Zahl der echten Couture-Kundinnen auf wenige Hundert geschätzt. Firmen wie Chanel oder Dior verkaufen sowohl Prêt-à-Porter-Mode als auch Haute Couture.

4. Und was ist «Prêt-à-Porter»? Ursprünglich bezeichnet das Prêt-à-Porter die Mode «von der Stange», die also in den Geschäften gleich in mehrfacher Ausführung und verschiedenen Größen hängt und «fertig zum Anziehen» ist – daher der Name «Prêt-à-Porter».

In den «Swinging Sixties», den 1960er-Jahren, startete das Prêt-à-Porter seinen Siegeszug von London aus. Junge Designer wie beispielsweise Mary Quant und Barbara Hulanicki wollten bezahlbare witzige Kreationen liefern, und zwar für junge Leute, nicht für etablierte ältere Damen, die extra nach Paris reisten, um sich ihre Kleidung in den Couture-Ateliers anfertigen zu lassen. Auch lehnten sie das Modediktat, das von den «Zaren» der Couture wie Dior oder Balenciaga ausging, ab. Sie trafen damit die Aufbruchsstimmung der Zeit und erreichten es bald, dass ihre Entwürfe nicht mehr nur noch in den eigenen kleinen Boutiquen zu kaufen waren, sondern weltweit vertrieben wurden. Heute machen die meisten Designer ausschließlich Prêt-à-Porter, während die Haute Couture nur noch von wenigen Häusern realisiert wird.

Auch bei den Schauen gibt es Unterschiede: Während bei den Prêt-à-Porter-Schauen vor allem die Einkäufer der großen Kaufhäuser und führenden Modeläden sowie Journalisten im Publikum sitzen, trifft man bei der Haute Couture auf die einzelnen Kundinnen der Häuser (s. Frage 3).

5. Warum sind Prêt-à-Porter-Kleider manchmal fast so teuer wie Couture? Das liegt schlichtweg daran, dass die Grenzen zwischen beiden Segmenten manchmal fließend sind. Auch das Prêt-à-Porter kann im oberen Preisbereich oft mit viel Handarbeit und großartiger Schneiderkunst aufwarten. In den USA wird daher inzwischen häufig mit der Bezeichnung «Couture» gearbeitet, die für Mode zwischen dem gängigen «Prêt-à-Porter» und der «Haute Couture» steht. Marken wie das Schweizer Luxuslabel Akris oder Armani Collezioni werden so von der weniger individuell gefertigten Konfektion abgesetzt. Zudem gibt es nur noch derart wenige echte Couture-Häuser, dass einige Top-Designermarken mittlerweile einfach ein eigenes oberes Segment entwickelt haben, das sogenannte Prêt-à-Porter de Luxe. Hier gibt es keine Kammer, die die Vorgaben überwacht. Es liegt ganz und gar im Ermessen des Hauses, wie es Luxus definiert. Auch hier werden dann Modelle mit sehr viel Handarbeit gefertigt, in besonders kostbaren Stoffen, mit aufwendigen Stickereien oder gar aufgestickten Edelsteinen und Ähnlichem. Doch kann ein Entwurf mehrfach herausgebracht werden, und man braucht auch keine besonderen Schauen, um diese vorzustellen.

6. Warum ist ein Prada-Kleid so viel teurer als ein ähnliches Modell von H&M? Prada ist eben eine wirkliche Designermarke, entworfen von einer berühmten Modemacherin mit einer ganz eigenen Handschrift. Miuccia Prada entwickelt jede Saison originäre Kollektionen, die dann im Rahmen von Schauen vorgestellt und durch das Modehaus selbst produziert werden. Natürlich hat auch H&M Designer, manchmal machen die Schweden sogar Schauen für ihre Kollektionen, und fertigen lassen sie auch selbst.

Doch gerade Miuccia Prada gilt als Paradebeispiel dafür, was eine Modemacherin auszeichnet. Jede Saison zeigt sie neue eigenwillige Kreationen. Sie gibt den Trend vor. Große Ketten wie H&M, Mango oder Zara hingegen folgen dem Trend mit Designs, die sich stark an die von Leuten wie Prada erdachten anlehnen. Böswillige Stimmen würden sie schlicht als «Kopisten» bezeichnen. Und natürlich kostet das Original mehr als die Kopie. Es ist ja auch deutlich aufwendiger. Neben diesem «ideellen» Unterschied gibt es aber selbstverständlich auch große Differenzen in Stoffqualität, Verarbeitung, Passform etc. Hinzu kommen noch verschiedene Ansätze im Vermarkten der Entwürfe, der Ausstattung der Läden, dem Kauferlebnis oder der Betreuung der Kunden (auch so etwas wie Änderungen am Modell durch einen Schneider gehören dazu). Letztere mögen eher unwichtig scheinen, verändern aber dennoch den Wert, den der Kunde dem Entwurf beimisst. Und verursachen einige Kosten, die dann letztlich an die Verbraucher weitergegeben werden. Nichtsdestotrotz mag es sein, dass man manchmal bei H&M ein schöneres, verführerischeres und wertvoller wirkendes Kleid findet als bei Prada. Dann kann man sich ins Fäustchen lachen.

7. Machen Kleider Leute? Leute machen Kleider. Aber stimmt auch der Umkehrschluss, dass Kleider Leute machen? Bestimmt das Outfit die Persönlichkeit? Die Antwort lautet «nein» und «ja». Natürlich kann ein Kleid nicht fundamentale Charaktereigenschaften beeinflussen. Der Trickbetrüger, der sich in den Anzug des seriösen Geschäftsmannes hüllt, bleibt ein Trickbetrüger. Der im Untergrund lebende Terrorist, der sich ein bürgerliches Outfit anpasst, um nicht erkannt zu werden, bleibt ein Verbrecher (interessant ist in diesem Zusammenhang die Geschichte der RAF-Terroristin Gudrun Ensslin, die – schick gekleidet – in der Hamburger Edelboutique «Linette» einen Pullover kaufen wollte. Die Verkäuferin entdeckte jedoch zufällig eine Pistole in Ensslins Lederjacke und alarmierte die Polizei. Ensslin wurde gefasst und «enttarnt» – das modische Accessoire, die Lederjacke, reichte eben nicht, um das «terroristische» Accessoire, die Pistole, zu verbergen).

Dennoch können Kleider maßgeblich das Bild, das wir uns von Menschen machen, bestimmen. Und sich damit auch wieder auf

Kleider machen Kaiser. Illustration von Joel Stewart zu
«Des Kaisers neue Kleider»

den Eindruck auswirken, den der Mensch von sich selbst hat. Wohl
fast jeder kennt das Gefühl, «under-» oder «overdressed» zu sein.
Und viele werden schon einmal erlebt haben, dass sie in einem
Luxusgeschäft schlecht bedient worden sind, weil sie nachlässig gekleidet waren. Es gibt zahlreiche Romane und Theaterstücke, deren
Handlung sich aus der perfekten Verkleidung eines der Protagonis-
ten speist und den zahlreichen Verwirrungen, zu denen diese Mas-
kerade führt. Aber auch im wahren Leben klappt das: Schwerreiche
Mafiabosse in Süditalien treten in Gestus und Habitus gerne wie
Mitglieder der einfachen Landbevölkerung auf, und tatsächlich
funktioniert diese Tarnung oft perfekt. Der langjährige Anführer
der sizilianischen Cosa Nostra Bernardo Provenzano, der viele Jahre
unerkannt auf dem Land lebte, ehe er 2006 gefasst wurde, soll für
ein Mafiatreffen sogar einmal einen Talar als Verkleidung benutzt
haben. Als «Bischof» erkannte ihn niemand. Angeklagte vor Ge-
richt übrigens bemängeln es in der Regel, wenn der Richter seine

Robe bei der Verhandlung nicht anlegt. Sie fühlen sich dann nicht ernst genommen. Kleider machen eben doch Leute.

8. Wer kauft heutzutage Haute Couture? Fünf- bis sechsstellige Beträge müssen Haute-Couture-Kundinnen üblicherweise für die unglaublich aufwendigen Entwürfe hinblättern. Selbst Frauen, die sich dies leisten könnten, schrecken vor Summen wie 200 000 Euro für ein Abendkleid häufig doch zurück. Dennoch gibt es nach wie vor Käuferinnen für die Modelle der Königsdisziplin der Schneiderkunst. Die Couture-Häuser halten allerdings ihre Kundenlisten grundsätzlich geheim. In jedem Fall gibt es weltweit nicht Tausende, sondern nur wenige Hunderte von Couture-Käuferinnen. Bei den Schauen sind auffallend viele Frauen aus dem Nahen Osten dabei, aber auch Milliardärinnen oder Milliardärsgattinnen aus Russland, China oder Indien. Natürlich sind auch ein paar reiche Amerikanerinnen dazwischen, früher die Hauptkundschaft für die Couture. Ein paar der Kundinnen kann man allerdings leicht identifizieren, sind sie doch bekennende Fashion Victims: Die aus dem Libanon stammende, in der Nähe von Paris residierende Jetsetterin Mouna Ayoub zählt dazu. Die schwerreiche Ayoub, Exfrau eines saudischen Prinzen aus dem legendären Haus Al-Raschid, besitzt eine über 1500 Kleider umfassende Privatsammlung von Couture-Modellen und sammelt immer weiter. Sie liebt beispielsweise Dior, kommt in verdunkelter Limousine zur Haute-Couture-Schau und gilt als verlässliche Käuferin. Als sie in einer Saison bei den Defilees fehlte, soll in den Ateliers der Couture-Häuser Panik ausgebrochen sein. Als ebenso «feste Säule» der Hohen Schneiderkunst gilt Ivana Trump, reich geschiedene, einstige Ehefrau des US-Moguls Donald Trump. So eng ist ihr Name mit Frankreichs Topschneiderei verbunden, dass Trump sogar Parfums unter dem Label «Ivana Haute Couture» verkauft. Die gebürtige Tschechin und einstige Olympionikin (als Profi-Skifahrerin) saß bis vor kurzem gerne bei den Schauen des Meister-Couturiers Christian Lacroix in der ersten Reihe, natürlich von Kopf bis Fuß in Couture gewandet. Das hoch angesehene Modehaus vor der Insolvenz bewahren konnten aber leider auch Trumps Millionen nicht.

9. Warum wechselt Mode jedes halbe Jahr? «Die Krägen ändern fast mit dem Mondschein»,[4] klagte schon der Barockdichter Georg Philipp Harsdörffer im 17. Jahrhundert. Das Phänomen des steten Modewandels gibt es schon seit Jahrtausenden – selbst in den archaischen Hochkulturen Ägyptens, Mesopotamiens oder Persiens haben Modehistoriker schon modische Wandlungen nachgewiesen.[5] Die Praxis, in jeder Saison eine neue Kollektion vorzustellen, ist jedoch ein Phänomen des Industriezeitalters. Eingeführt hat sie der Couturier Charles Frederick Worth in der zweiten Hälfte des 19. Jahrhunderts. Etwa zur gleichen Zeit wurde durch die Erfindung der Nähmaschine und die Einführung synthetischer Farbstoffe die Herstellung standardisierter Konfektionskleidung ermöglicht. Und so konnte der von der Industrie gleichsam verordnete saisonale Wechsel im 20. Jahrhundert mit seiner massenwirksamen Kommerzialisierung von Mode zur «lege artis» werden.

«Ich will nicht, dass du in diesem Haus Strümpfe flickst. Wirf sie weg», sagt Willy Loman in dem 1949 erschienenen Buch «Tod eines Handlungsreisenden» zu seiner Frau Linda, um sie an den früher noch üblichen Ausbesserungsarbeiten zu hindern. Wohlstand drückt sich hier mittels Wegwerfen aus. Zur Wohlstandsgesellschaft gehört auch, dass Kleidung saisonal als «veraltet» ad acta gelegt wird. Der halbjährliche Wechsel weckt regelmäßig das Bedürfnis nach etwas Neuem und steigert damit den Verkauf. Natürlich wird er dabei an praktischen Gegebenheiten festgemacht: Im Frühjahr brauchen wir andere Kleidung als im Winter – das war schon in der Steinzeit so. Schon Ötzi trug ein Grasgeflecht als winterlichen Wetterschutz. Nur wird er es eben nicht nach einer Saison wieder weggeworfen haben.[6]

10. Ist Mode international? Zweifelsohne. Schon die Musikszene und der Videoclip-Sender MTV haben zu Beginn der 80er-Jahre modischen Phänomenen einen nie zuvor da gewesenen internationalen Schub gegeben. Über alle Kontinente verbreiteten sich dadurch gerade bei jungen Leuten bestimmte Moden. Das Internet hat das Ganze noch enorm beschleunigt. Über Portale wie www.style.com kann jeder User weltweit inzwischen sogar die Laufstegtrends schon wenige Stunden nach ihrer Präsentation verfolgen. Produkte

Mode oder Tracht? Junge Maiko im Kimono in Tokyo

westlicher Marken wie Armani, Ralph Lauren oder Gucci sind weltweit erhältlich – ob in Johannesburg, Sydney, Schanghai, Rio oder
Düsseldorf. Und andersherum werden Entwürfe afrikanischer, aus-
tralischer oder chinesischer Designer auch weltweit gehypt. Unterschiede gibt es dennoch: In Rom mag eine andere Dior-Tasche
angesagt sein als etwa in Santa Monica. Und natürlich gibt es nach
wie vor schwerer erreichbare Dörfer, die kaum etwas mit globalen
modischen Phänomenen zu tun haben. Die Kleidung ihrer Bewoh-
ner würde man eher als Tracht denn als Mode bezeichnen. Und die
tritt regional oft vollkommen verschieden auf, ist nicht international, unterliegt ihrerseits aber durchaus Moden.

11. Ist Mode ein oberflächliches Geschäft? Noch einmal: zweifelsohne! Mode arbeitet an und mit der Oberfläche. Aber spricht das gegen sie? Außerdem verrät sie auch einiges über die «weiter unten liegenden Schichten» – über die Persönlichkeit, die sie zur Schau trägt (s. Frage 1).

Gestern und Heute der Mode

12. Wer ist der wichtigste Designer der Welt?

Anna Wintour, die mächtige Chefin der amerikanischen *Vogue*, stellte im Herbst 2005 in ihrer Zeitschrift eine Liste auf mit den ihrer Meinung nach sieben wichtigsten Designern der Welt. Sie zählte Miuccia Prada, Alber Elbaz (Lanvin), Nicolas Ghesquière (Balenciaga), Marc Jacobs, Stefano Pilati (YSL), Narciso Rodriguez und Olivier Theyskens (damals Rochas) auf. Der einflussreiche Modeblogger Scott Schuman («The Sartorialist») nannte drei Jahre später als Top-«Post-Couture»-Designer, also wichtigste Modemacher nach dem Ende der Vorherrschaft der Haute Couture, Giorgio Armani, Comme des Garçons, Halston (1932–1990), Miuccia Prada und Ralph Lauren. Und die *New York Times* begann kürzlich einen Artikel mit dem Satz: «If Nicolas Ghesquière isn't the most important designer of his generation, it's hard to think who would be». Alfons Kaiser, Modekritiker der *Frankfurter Allgemeinen Zeitung* und einer der wichtigsten deutschen Modejournalisten, sagte kürzlich selbstironisch: «Tja, wer ist der Wichtigste? Für mich: Marc. Für alle anderen: Miuccia.»

Egal, wie man es gewichtet: Auf Marc Jacobs und Miuccia Prada würden sich wohl die meisten Mode-Insider einigen können. Ansonsten variieren die Antworten je nachdem, wer gefragt und wann er gefragt wird. Aber fast noch wichtiger erscheint, über welchen Zeitraum man spricht (Schumann reflektiert offenkundig eine deutlich längere Phase als Wintour). Der Erfolg von Olivier Theyskens etwa erscheint aus heutiger Perspektive als eher saisonales Phänomen. Würde man im Moment die rote Taste der Trend-Stoppuhr drücken, erschiene wohl die Céline-Designerin Phoebe Philo auf dem Display als wichtigste Designerin der Welt. Wohl jeder, der mit Mode zu tun hat, spricht gerade über sie, ihren phänomenalen Einstieg bei dem Traditionshaus und die von ihr losgetretene neue Purismus-Welle. Neben ihr würde man vielleicht noch schemenhaft die Umrisse von Dries van Noten und Nicolas Ghesquière erkennen, die ebenfalls kürzlich wichtige, einflussreiche Kollektionen gezeigt haben. Denkt man jedoch über den Zeitraum der vergangenen fünf Jahre nach, dann würde man wahrscheinlich bei Wintours Liste landen (abzüglich Olivier Theyskens). Bei zehn Jahren oder etwas mehr käme man allein auf Miuccia Prada und Marc Jacobs (oder andersherum, vgl. Alfons Kaiser). Wenn man allerdings auf die vergangenen 20 bis 30 Jahre blicken würde, dann bliebe nur noch einer, der ein absolutes Langzeitphänomen ist und in den kurzlebigeren Listen daher vielleicht auch nicht auftauchen kann: Karl Lagerfeld. Auch wenn er nicht so messerscharf den modischen Look geprägt hat wie Ghesquière oder so genialisch neue Modewellen provozierte wie Prada: Lagerfeld spielt bei Chanel konstant seit den 80er-Jahren in der ersten Liga der Designer. Und so betrachtet, kann ihm niemand das Wasser reichen. Dass möglicherweise Ann-Sofie Johannson, die Chefdesignerin von H&M, «undercover» einen ähnlich starken wie alle hier genannten, allerdings jedoch nicht eigenständig kreativen Einfluss auf die Mode hat, steht auf einem anderen Blatt.

13. Wer war wichtiger für die Mode des 20. Jahrhunderts: Coco Chanel oder Yves Saint Laurent?

Auch wenn man bei der Aufzählung der großen Modeschöpfer des 20. Jahrhunderts[7] sicher noch ein paar Namen ergänzen müsste, insbesondere Christian Dior und Giorgio Armani, so hat doch niemand die Mode derart revolutioniert wie Gabrielle «Coco» Chanel (1882–1971) und Yves Saint Laurent (1936–2008). Doch wem gebührt dabei die Krone?

Chanels Einfluss umfasst eher die erste Hälfte des Jahrhunderts (auch wenn sie dank ihres grandiosen Comebacks 1954 der Mode der 50er- und 60er-Jahre noch ganz entscheidende Impulse gab), Saint Laurent prägte maßgeblich die späten 1950er-, 60er-, 70er- und vielleicht noch 80er-Jahre. 2002 nahm er seinen Abschied aus der Modewelt, doch schon während des gesamten letzten Jahrzehnts des 20. Jahrhunderts gelang es ihm aufgrund von Depressionen, Erschöpfung und Medikamentenmissbrauch nicht mehr, der Mode entscheidende Impulse zu geben. Chanel, die ihre ersten Erfolge schon während des Ersten Weltkriegs verzeichnen konnte, hielt sich somit länger an der Spitze der Modewelt. Vergleichbar bei beiden hingegen ist der Nachhall ihrer Kreationen. Noch heute findet man in den Kollektionen vieler Designer immer wieder Verweise auf Chanel- oder Saint–Laurent-Entwürfe. Während Chanel

Ohne sie würden Frauen sich heute anders kleiden: Gabrielle «Coco» Chanel

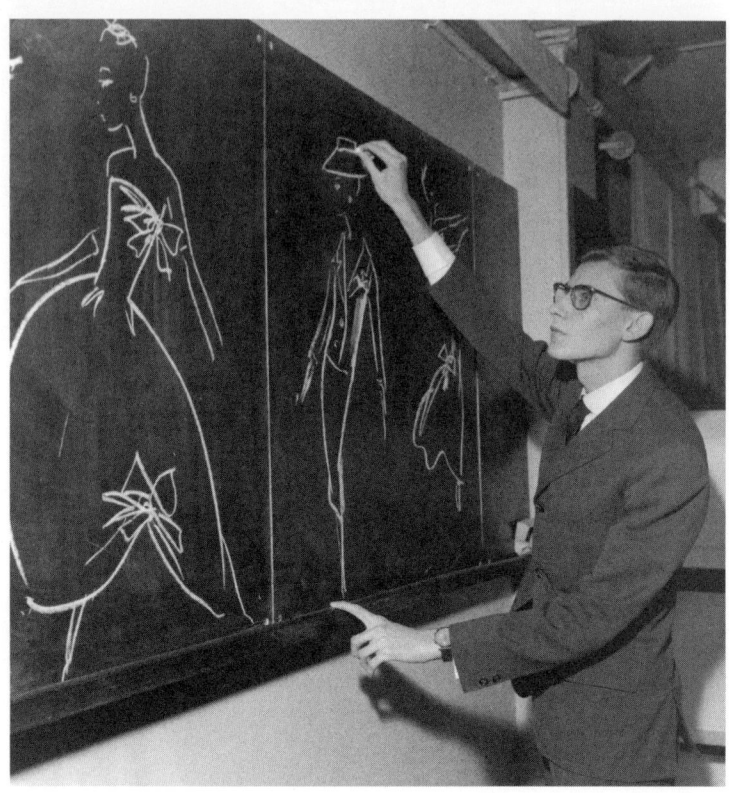

Der junge Yves Saint Laurent beim Zeichnen

heutige Klassiker wie Tweedkostüme, Twinsets, Matrosenhemden, Hosen für Frauen, Jerseykleider und Modeschmuck kreierte oder salonfähig machte, bescherte Saint Laurent der Modewelt rasant geschnittene Hosenanzüge und den Damensmoking, Transparent-Look, das Hemdblusenkleid, den Safari-Stil, die schwarze Lederjacke sowie die für ihn typischen, vorher unvorstellbaren Farbkombinationen von Orange mit Pink und Rot oder Petrol mit Lila.

Beide warfen gängige Vorstellungen über Bord und erzielten

damit eine enorme Wirkung. Chanel verhalf den Frauen zu einer schlichten, bequemen tragbaren Mode, trug maßgeblich zur Abschaffung des Korsetts bei und verwischte dabei gekonnt die Kategorien zwischen männlich und weiblich. Herrenstoffe, Hosen, sportliche Outfits: Ohne sie würden Frauen vielleicht noch heute wie wandelnde Pralinenschachteln aussehen. Saint Laurent schmiss erst einmal allerlei Wattierungen und Polsterungen aus den Kostümen. Er erlöste die Haute Couture von ihrer Steife und Traditionslast. Seine Ideen schienen «von der Straße» zu kommen, gekonnt löste er den Gegensatz zwischen großbürgerlicher Adrettheit und jugendlicher Rockstar-Attitüde auf. Er integrierte den «Beat Look» oder die «Pop Art», abstrakte Kunst und russische Folklore. Ohne ihn würden sich sowohl die gesellschaftlichen Schichten wie auch die Altersgruppen wahrscheinlich nach wie vor viel unterschiedlicher kleiden. Chanels Einfluss ist insofern vielleicht höher einzuschätzen, als sie noch sehr viel mehr Pionierarbeit leisten musste als Saint Laurent. Der Gegensatz zwischen einer Frau «vor Chanel» und einer nach ihrer Wirkungszeit könnte größer nicht sein. Dafür mag Saint Laurent als der genialere und begabtere Modeschöpfer gelten.

Beide schufen einen bestimmten Frauentyp: Chanel die schlicht-elegante Lady, die mit Bubikopf und langer Perlenkette auch im Strickcardigan bei Abendgesellschaften glänzte. Und Saint Laurent die YSL-Frau, lässig und chic zugleich, die auf sehr feminine Weise mit androgynen Elementen spielte und auch mal im durchsichtigen Abendkleid erscheinen konnte. Alle beide verhalfen sie der Mode zu einer großartigen Errungenschaft: der Erkenntnis, dass weniger, sofern gut gemacht, in der Regel mehr ist.

14. Was hat Prada zum Synonym für modische Klasse gemacht?
Miuccia Prada (*1949) hat den seltenen Spagat vollzogen, mit den Entwürfen ihrer Marke Prada Massenwirksamkeit und unschlagbare Klasse zu verbinden. Selbst Intellektuelle, bei denen Mode doch eigentlich oft verpönt ist, dürfen Prada tragen. Prada ist eine äußerst eigenständige Marke, stets Avantgarde – dem Trend voran –, immer mit etwas Schrägem und doch sehr tragbar und ästhetisch. Schon Pradas «Tapetenkleider» 1996 mit an Duschvorhänge oder

billige Wanddekorationen erinnernden Muster gerieten zu Kultstücken. Statt Aufschreie wegen der eigentlich unmöglichen Farbkombinationen Giftgrün, Schmutzigbraun und Honiggelb zu ernten, veränderten sie das Farbempfinden einer ganzen Generation. Wahrscheinlich liegt das daran, dass dem «Aufmischen» von konventionellen Sichtweisen eine ungewöhnliche Stilsicherheit seitens der Designerin zugrunde liegt. Miuccia Prada wuchs in einer wohlhabenden und vornehmen Umgebung auf, schon ihr Großvater belieferte den italienischen König mit feinen Waren. Sie weiß nur zu genau, «was sich gehört», und kann dies elegant durchbrechen, ohne allzu viel Anstoß zu erregen. Auch der «Sidestep», den sie als junge Frau vor dem Eintritt in die elterliche Firma mit einem Studium der politischen Wissenschaften, der Promotion, dem Eintritt in die Kommunistische Partei und Versuchen am Theater vollführte, haben letztlich ihre Mode nur geadelt. Man meint den Entwürfen einen geistvollen Hintergrund förmlich abzuspüren, hinter den Brüchen, die diese kennzeichnen, vermutet man schnell Miuccias stetes Zweifeln an allen möglichen Dingen. Nichts bei Prada wirkt platt und banal, obwohl die Modemacherin und ihr Ehemann Patrizio Bertelli eigentlich genauso gekonnt eine Markenmaschinerie bedienen wie Gucci oder Vuitton.

15. Wer sind die wichtigsten deutschen Designer? Vor allen anderen natürlich Karl Lagerfeld (vgl. Frage 12). Allerdings lebt Lagerfeld seit den 50er-Jahren in Paris und mag auch wegen der langjährigen Bindung an Chanel bei vielen eher als französischer denn als deutscher Designer gelten.

Dann sicher Wolfgang Joop, der zwar nicht mehr unter dem Markennamen Joop! Mode macht, doch mit seinem Luxuslabel «Wunderkind» seit ein paar Jahren sehr stilvolle, originelle und schöne Kreationen entwirft, die er bei den Pariser Prêt-à-Porter-Schauen präsentiert.

Jil Sander, Dritte im Bunde, stieg 2004 aus dem von ihr gegründeten, nach ihr benannten Unternehmen aus. Vorher zählte sie nicht nur zu den wichtigsten deutschen, sondern sogar weltweit zu den wichtigsten Designern. Seit zwei Saisons entwirft sie unter dem Namen +J eine kleine limitierte Kollektion für den japanischen

Textilhersteller Uniqlo, die gut besprochen wird, doch ansonsten wenig Kreise in der Modewelt zieht.

Nach wie vor wichtig ist auch Gabriele Strehle von Strenesse. Sie hat, anders als Joop oder Sander, eine Schneiderlehre gemacht und später die Münchner Meisterschule für Mode absolviert. Zusammen mit ihrem Mann Gerd machte sie aus der eher biederen, auf Kostüme und Mäntel spezialisierten Strehle KG die Marke Strenesse, eines der deutschen Top-Labels im Modebereich. Ihre puristischen Entwürfe zeichnen sich durch Schnittkunst und ein großes Gespür für Farben aus.

Dank des Aufstiegs von Berlin zur Modestadt gibt es mittlerweile in der Hauptstadt einige sehr begabte jüngere Designer, die man vielleicht heute noch nicht als «wichtigste» deutsche Designer bezeichnen kann, aber möglicherweise bald. Michael Michalsky mit seiner Mischung aus Schrägem, Luxus und Raffinesse ist sicher der Bekannteste von ihnen. Aber auch Dirk Schönberger mit einem klaren und avantgardistischen Stil muss sich neben Michalsky nicht verstecken. Schönberger zeichnete bis vor kurzem für die Entwürfe von Joop!, der Ex-Marke von Wolfgang Joop, verantwortlich und zeigte seine Mode bei der Berliner Fashion Week.

16. Seit wann gibt es überhaupt Designer? Auch wenn er sich nicht so nannte, kann doch Charles Frederick Worth als erster «echter» Modedesigner der Welt gelten. Der Engländer, der 1840 aus London nach Paris kam und 1855 mit seinen Kleidern den ersten Preis auf der Weltausstellung gewann, war der Erste, der seine Kleider mit Namen zeichnete, sich selbst zum Couturier und eine Art Künstler erhob. Hatte im Ancien Régime Rose Bertin, die Schneiderin der Königin Marie Antoinette, noch ganz und gar im Schatten ihrer Auftraggeberin gestanden und deren Vorstellungen verwirklicht, so richteten sich bei Worth die Kundinnen (wie z. B. die Kaiserin Eugénie) nach dessen Vorstellungen und Entwürfen. Worth präsentierte in jeder Saison eine neue Kollektion, die er von Mannequins vorführen ließ. Die einzelnen Kreationen des Couturiers konnten von mehreren Kundinnen gekauft werden. Mit der «Personalisierung» seiner Mode erhob er nicht nur den Schneider in den Stand eines kreativen «Designers», er erschuf auch gleichsam eine Marke, Grundstein für das gesamte heutige Geschäft mit Designermode.

17. Seit wann tragen Frauen Hosen? Regelrechte Hosenmode für Frauen gibt es in der westlichen Welt seit noch nicht einmal 100 Jahren. Davor trugen Frauen über viele Jahrhunderte hinweg Röcke (allerdings existieren Darstellungen aus der Antike von Frauen in Hosen). Es erstaunt fast, dass Beinkleider für Frauen in dieser relativ kurzen Zeitspanne zu einem derartigen Massenphänomen geworden sind. Natürlich gab es Vorläufer wie etwa die Schriftstellerin George Sand, die schon in der ersten Hälfte des 19. Jahrhunderts Paris in Männerkleidung und Stiefeln durchstreifte. Doch stellte die als Freigeist verrufene Dichterin eine Ausnahme dar. Ihr Aufzug rief eher Empörung und Spott als Bewunderung hervor, obwohl man durch die «Hosenrollen» in Theater oder Oper den Anblick von Frauen in Männerkleidung bereits kannte.

Dennoch: Hosen, die ja den Schritt und die Beine sichtbar machten, erschienen als frivol. Und so wundert es nicht, dass Frauen in Hosen im 18. Jahrhundert insbesondere in pornographischen Büchern auftauchten. Allerdings trugen weibliche Bergleute, Fischerinnen und Landarbeiterinnen wahrscheinlich schon damals Hosen. Doch verfügten sie über keinerlei gesellschaftlichen Status und hatten modisch daher auch wenig Relevanz.

Erst mit dem Radfahrerkostüm Ende des 19. Jahrhunderts wurden Frauen in männlichen Beinkleidern – einer Art Pumphose – zu einem etwas alltäglicheren Anblick, auch wenn man über sie wie auch über das weibliche Radfahren an sich die Nase rümpfte. Damen, die kein Rad mit sich führten, war es sogar untersagt, Hosen zu tragen. Doch mit dem Erstarken der Frauenbewegung und der Hinwendung von Frauen zu Radfahren, Reiten im Herrensitz oder sonstiger körperlicher Betätigung und natürlich ihrem zunehmenden Eintritt ins Arbeitsleben schien der Siegeszug weiblicher Beinkleider unaufhaltsam.

George Sand besaß übrigens die polizeiliche Genehmigung, Hosen zu tragen. In Frankreich besteht einer Meldung der britischen Zeitung *Telegraph* vom vergangenen Jahr zufolge noch heute ein

Erlass aus der Zeit der Französischen Revolution, nach dem Frauen um Erlaubnis ersuchen müssen, wenn sie männliche Kleidung tragen wollen. Natürlich hält sich niemand daran, die Regelung scheint schlicht offiziell nie aufgehoben worden zu sein. Und das in Frankreich! Dabei haben gerade französische Modeschöpfer wie Paul Poiret oder Coco Chanel mit ihren Kreationen zu Beginn des 20. Jahrhunderts der Hosenmode bei Frauen den Weg gebahnt. Als Paul Poiret 1911 den Hosenrock lancierte und mit einigen Mannequins im neuen, von ihm entworfenen Gewand auf der Rennbahn von Auteuil erschien, musste er seine Models mit dem Stock gegen die aufgebrachte Menge verteidigen. Ganz Paris war in Aufruhr. Dabei hatte Poiret nur eine bei türkischen oder persischen Frauen vollkommen übliche Kreation für westliche Ansprüche adaptiert. Denn im Orient waren Hosen anders als bei uns für Frauen durchaus üblich – Pumphosen als Unterkleidung trugen Frauen schon im Osmanischen Reich, allerdings mit einem Gewand darüber.

18. Seit wann tragen Männer Hosen? Schon in der Bronzezeit gab es vermutlich Vorformen der Hose, Stoffstücke, die um Knöchel, Unter- und Oberschenkel gewickelt wurden. Gegen Ende der Bronzezeit tauchten dann weiter geschnittene Kniehosen auf. Reitervölker wie die Skythen oder die Daker trugen im ersten Jahrtausend vor Christus Hosen – einfach, weil sie im Sattel und für alle Arten von Bewegung praktischer waren. Auch im alten China oder Persien waren Hosen üblich, insbesondere als Kriegerkleidung.

Während Kelten oder Germanen bei der Hose «blieben» (die Germanen nannten die knielange Hose «bruch», während das Wort «hosa» eine Art Strumpf bezeichnete), trugen Römer und Griechen in der Antike meist «Röcke» bzw. lange oder kurze Tuniken, die den Körper eher verhüllten als nachbildeten. Das Hosentragen war teilweise sogar verboten. Im Mittelalter setzten sich dann in Europa separate Beinkleider durch, die lose in der Taille befestigt wurden. Doch darüber hing nach wie vor die Tunika. Erst mit der Erfindung des Brustpanzers im späten 12. Jahrhundert begann man, gleichsam mit der Außenhülle den Männerkörper nachzuzeichnen. Der Panzer benötigte ein ebenfalls von einem Rüstungsschmied gemachtes Unterkleid, einen engen gepolsterten Anzug. Schon wenig später, etwa um 1300, fingen Männer an, auch außerhalb des Kriegerdaseins Beinkleider in Form von schmalen Strumpfhosen zu tragen, kombiniert zu Wämsern und Jacken. Als die Schenkel bis obenhin sichtbar wurden, gesellte sich der Hosenlatz hinzu. Grob kann man also sagen, dass mit Beginn der Frührenaissance und ihrer Neuentdeckung des menschlichen bzw. hier männlichen Körpers Hosen als «Oberbekleidung» in Mode kamen. Fortan teilte sich bis ins 20. Jahrhundert die gesamte Garderobe relativ streng in männliche und weibliche Kleidung auf.[8]

19. Wer erfand den Minirock? Üblicherweise wird die Britin Mary Quant (*1934) als Erfinderin des Minirocks genannt. Sie war eine der Protagonistinnen des «Swinging London», wo zu Beginn der 1960er-Jahre viele Jugendliche mit einem neuen poppigen Stil gegen die Enge und Strenge ihrer Elternhäuser aufbegehrten. Quant, die das Goldsmith's College of Art in London absolviert hatte, entwarf aus Frust über die brave, adrette und teilweise wahnsinnig unbequeme 50er-Jahre-Mode mit ihren Petticoats und engen Blusen bequeme Hängerkleidchen, die sie in ihrer 1955 eröffneten Boutique «Bazaar» im Londoner Stadtteil Chelsea verkaufte. Vier Jahre später eröffnete sie ein weiteres Geschäft in Knightsbridge. Inzwischen verkaufte sie auch deutlich kürzere Kleider, die weit oberhalb des Knies endeten. Quants Mini-Mode war Anfang der 60er-Jahre auch deswegen bei vielen jungen Frauen so erfolgreich, weil sie eine Art Komplett-Look propagierte. Glatte Bubiköpfe als Frisur, flache Stiefel und A-förmige Kleidchen hatten nichts mit der damenhaften Eleganz ihrer Mütter zu tun. Nachdem 1962 auch die britische *Vogue* Quants Miniröcke abgebildet hatte, setzte sich die neue Länge auch im High-Fashion-Bereich durch.

Allerdings reklamiert neben Quant auch der Franzose André Courrèges für sich, den Minirock erfunden zu haben. Er schnitt etwa zur gleichen Zeit wie die Engländerin die Röcke ab. Courrèges hatte ähnlich wie Quant die Vorstellung von einer «befreiten Frau» in «befreiter Mode». Doch die Herkunft dieser «Eltern des Minirocks» ist denkbar unterschiedlich. Courrèges kam aus der Haute Couture, er hatte das Schneiderhandwerk bei dem damals besten Couturier der Welt Cristobal Balenciaga erlernt. 1961 eröffnete er mit seiner Frau ein eigenes Modehaus und stellte seine progressiven Ideen, darunter auch Miniröcke, der Öffentlichkeit vor. Auf jeden Fall gebühren ihm die Meriten, Miniröcke in die Haute Couture eingeführt zu haben. Doch wird er sich wohl damit abfinden müssen, dass Quant auch in Zukunft als Erfinderin des Minis gefeiert werden wird. Sie selbst allerdings sieht das etwas anders und meinte einmal über die stete Konkurrenz mit Courrèges: «Es waren weder er noch ich, die ihn erfunden haben – sondern die Mädchen auf der Straße.» Und damit hat sie wahrscheinlich recht.

20. Wer erfand das «Kleine Schwarze»?   Hier ist die Antwort eindeutig: Coco Chanel. 1926 brachte die amerikanische *Vogue* einen Entwurf von ihr, ein schmales Kleid mit langen Ärmeln aus Crêpe de Chine, ganz in Schwarz und knapp das Knie bedeckend. Die *Vogue* prophezeite, dass es zu einer Art Uniform werden würde, die alle Frauen tragen wollten, und behielt recht. Gerade die unaufgeregte Schlichtheit (die *Vogue* verglich den Entwurf mit einem Automobil von Ford) führte zum immensen Erfolg des «kleinen Schwarzen», das Chanel in noch zahlreichen Varianten entwerfen sollte. Mit ihrer unschlagbaren Stilsicherheit hatte sie die Farbe, die zuvor der strengen Kleidung von Nonnen, Witwen oder älteren verheirateten Frauen vorbehalten war, zum Markenzeichen von Eleganz gemacht. Audrey Hepburn legte die Erfolgsgeschichte neu auf, als sie 1961 in «Frühstück bei Tiffany» ein von Givenchy entworfenes schwarzes Etuikleid als superschicke Tagesgarderobe trug und hinreißend aussah. Das «kleine Schwarze» ist seither eigentlich nicht mehr aus einem gut sortierten weiblichen Kleiderschrank wegzudenken. Ob beim Cocktail, der Dinnereinladung oder selbst bei größeren Anlässen hat es stets das Zeug, opulentere Roben schlicht auszustechen.

21. Was ist das wichtigste Kleidungsstück der Welt?   Die Jeans. Nicht nur gehört sie zu den meistverkauften und beliebtesten Kleidungsstücken der Welt, auch hat sie im 20. Jahrhundert eine ungeheure Symbolkraft entwickelt. Und das, obwohl sie eigentlich aus der Not geboren wurde. Der junge bayerische Händler Levi Strauss, der 1847 nach Amerika auswanderte, entwickelte sie als strapazierfähige Hose für Goldgräber und färbte sie aus praktischen Gründen mit dem preiswerten und haltbaren Indigo-Farbstoff ein. Im Laufe des 20. Jahrhunderts taugte die Arbeiterhose zum Kennzeichen jugendlicher Rebellion, zum erotischen Fetisch aufregender Androgynität, aber auch als «Designerjeans» zum luxuriösen Statussymbol, das sogar 1000 Dollar kosten durfte. James Dean und Marlon Brando, Marilyn Monroe, Brooke Shields oder Kate Moss – sie alle erscheinen vor unserem geistigen Auge, wenn wir an Jeans denken. Und obwohl die Jeans längst zum alltäglichen Kleidungsstück für alle Generationen geworden ist, erfindet sie sich immer wieder neu, aufregend und modern. Man denke nur an den Hype um die kalifornischen Jeans, der die vergangenen zehn Jeansjahre prägte. Insbesondere für Frauen ist um die richtige Jeansmarke ein regelrechter Glaubenskrieg entbrannt. Die einen schwören auf «7 For All Mankind Jeans», die anderen auf «Citizens of Humanity», noch andere auf «J. Brand» oder «Goldsign». Und fast jedes dieser Labels wird dann von der Trägerin dafür gerühmt, dass die jeweiligen Modelle besonders gut sitzen und einen besonders perfekten Po zaubern. Bis wieder eine neue Marke mit angeblich schlank machenden Eigenschaften am Jeanshimmel auftaucht und die bisher favorisierten Labels überstrahlt. Bei Männern scheint der Run auf die neuen Marken bisher noch nicht so recht angekommen zu sein. In der Regel bleiben sie ihren «alten» Marken wie «Levi's» oder «Diesel» treu. Doch wer weiß. Seit sie durch den fortschreitenden Schönheits- und Jugendwahn zunehmend unter Druck geraten, könnte die verzweifelte Suche nach der Jeans mit dem besten «Hinterteil» auch sie bald ergreifen.

22. Wer war der erste Dandy? Als Ur-Dandy (engl.: Stutzer, Modenarr) gilt der Engländer George Bryan, genannt «Beau» Brummell (1778–1840). Einige Nachschlagewerke verweisen allerdings auch auf Vorläufer wie etwa den 1712 verstorbenen britischen Bigamisten Robert Fielding, ebenfalls «Beau» genannt. Doch es war Brummell, der mit seiner Person das Dandytum etablierte. Er verkörperte das Dasein eines eleganten «Stutzers» wie nie jemand zuvor (und wohl auch danach). Etwa gleichzeitig mit seinem Erscheinen in der britischen Gesellschaft kam das Wort «Dandy» auf. Beau,

Audrey Hepburn im «Kleinen Schwarzen» in «Frühstück bei Tiffany»

der nicht adeliger Herkunft war, aber von seinem Vater ein beachtliches Vermögen geerbt hatte, trieb einen unglaublichen Aufwand für seine Erscheinung. Er benötigte fünf Stunden, um sich anzukleiden, und soll allein für die Herstellung seiner Handschuhe zwei verschiedene Fabrikanten beschäftigt haben. Einen für die Daumen, den anderen für die übrigen Finger. Mehrmals am Tag wechselte er die Wäsche, lehnte jedoch Schmuck und Parfum ab. Stets erschien Brummell perfekt gestylt und gepflegt. Sein Äußeres wirkte dabei eher schlicht, das Dandytum entstand auch aus der Ablehnung der übertriebenen französischen Hofkultur.

Dandys wie Brummell legten mit ihren perfekt auf den Leib geschneiderten Jacken und Hosen das Fundament für den heutigen, britisch geprägten Herrenanzug. Sehr viel weniger pompös als die am französischen Hof übliche Tracht, musste ihre Kleidung umso präziser und aus edlem Tuch geschnitten sein. Understatement und ein gewisser Snobismus gehörten zu der inszenierten Schlichtheit des Dandytums fast zwingend hinzu, gleichzeitig jedoch auch tadellose Manieren und Parkettsicherheit. Die Eleganz des Dandys paarte sich mit Extravaganz und konnte daher auch als eine Art von Protest gegen die Mittelmäßigkeit des Establishments gelten. Häufig waren Dichter oder andere Künstler Dandys und huldigten dabei einem die gesamte Persönlichkeit umfassenden Ästhetizismus. So zählen Lord Byron (1788–1824), Honoré de Balzac (1799–1850), Charles Baudelaire (1821–1867) oder Oscar Wilde (1854–1900) zu den berühmten Dandys der Modegeschichte. Letzterer brachte mit Brokatwesten oder Mänteln mit Seehundfellbesatz und stets frischen Blüten im Knopfloch eine geschmücktere Variante des Dandys ins Spiel. Aber auch der Herzog von Windsor, der stets tadellos gekleidet für seine ebenso elegante Geliebte Wallis Simpson auf den britischen Thron verzichtete, gehört in diese Reihe. Ein zeitgenössischer Dandy ist der Schriftsteller Tom Wolfe, der immer im weißen Anzug auftritt.

Was das Wesen eines Dandy ausmacht, hat Charles Baudelaire beschrieben und damit den entscheidenden Grundstein für die Theoriebildung über dieses Phänomen gelegt. Baudelaire schwärmte von der «éternelle superiorité»,[9] der ewigen Überlegenheit des Dandys, und beschrieb ihn als vom Geist der Opposition und der Revolte getrieben.[10] Er verkörpere das Beste menschlichen Stolzes – das Bedürfnis, das Triviale zu bekämpfen. Brummell, Leitfigur aller Dandys, scheiterte schließlich an dieser Revolte. Er, der nie einer geregelten Arbeit nachging, musste ob der Schulden für seinen aufwendigen Lebensstil vor seinen Gläubigern nach Frankreich fliehen. Brummell endete im Irrenhaus von Caen.

23. Was ist ein «Fortuny»-Kleid? Wer ein Fortuny-Kleid besitzt, kann sich glücklich schätzen. Denn er verfügt damit über eine kleine Wertanlage. Nur selten gelangen Fortuny-Kleider auf Auk-

Entwurf von Mariano Fortuny

tionen. Zuletzt bot Christie's in London fünf Modelle an, darunter eine der legendären Delphos-Roben, in eisblauer Seide mit Stickereien aus Murano-Glas, sowie einen schwarzen Samtmantel mit kunstvollen Druckmotiven. Das Kleid brachte £ 5250,-, der Mantel gar £ 9375,-. Beide erreichten Werte weit über ihrer Taxe, und das, obwohl sie mindestens 75 Jahre alt und mit Sicherheit untragbar waren (zum Vergleich: Bei derselben Auktion erzielte ein Smokingmantel von Yves Saint Laurent aus den 70er-Jahren «nur» £ 750,-, obwohl Saint Laurent vielleicht der wichtigste Designer des 20. Jahrhunderts war). Ein Fortuny-Kleid ist keine simple Klamotte, es gleicht einem Gesamtkunstwerk. Auch sein Schöpfer Mariano Fortuny y Madrazo (1871–1949) war kein schlichter Designer, sondern eher Universalgenie. Er schuf Bühnenbilder und erfand eine neuartige Bühnenbeleuchtung, er betätigte sich als Maler, Bildhauer und Grafiker. Zudem betrieb er eine eigene Textilfabrik.

Fortunys Vater war der katalanische Maler Marìa Fortuny y Marsal, schon früh wurde auch Marianos gestalterisches Talent erkannt und gefördert. Nach dem Tod des Vater 1874 zog die Familie zunächst nach Paris, wo Marianos künstlerische Entwicklung von verschiedenen bekannten Malern begleitet wurde. 1889 siedelten sie nach Venedig über, der Stadt, mit der man bis heute Fortunys Entwürfe verbindet. Mariano machte hier einen alten Palast zum Zentrum seines Schaffens. Bis heute beherbergt das heute «Palazzo Fortuny» genannte Gebäude ein dem Künstler gewidmetes Museum.

Hatte sich Fortuny in seiner Jugend vor allem der bildenden Kunst und dem Theater gewidmet, begann er, sich Anfang des 20. Jahrhunderts zusammen mit seiner Frau Henriette Negrin mit Textildesign, Stoffen und Drucktechniken zu befassen. Das Ehepaar brachte Schals heraus, die mit griechischen Motiven bedruckt waren und großen Erfolg hatten. Sogar Balletttänzerinnen trugen sie auf der Bühne. Um 1907 herum stellte Fortuny seine ersten «Delphos-Roben» vor. Sie glichen griechischen Gewändern, Vorder- und Rückenteil wurden dabei oft von kleinen Perlen oder Muscheln zusammengehalten. Der Clou des Ganzen lag jedoch in den Stoffen, von Fortuny und seiner Frau Henriette selbst gefärbt und auf äußerst raffinierte Weise plissiert. Die Herstellung der Plissees ließ sich Fortuny patentieren. Auch für Textilfärbung und Druck erfand Fortuny neue Methoden. Seine Kleider waren aus hauchdünner Seide gefertigt und schmiegten sich in zahllosen, leicht unregelmäßig gewellten Fältelungen um den Körper. Sie schimmerten in Edelsteinfarben und beeindruckten den Schriftsteller Marcel Proust derart, dass er in seiner «Suche nach der verlorenen Zeit» Fortuny-Kleider gleich mehrmals erwähnte und schwärmerisch beschrieb. Proust nannte Fortuny den «Zauberer von Venedig».

Dank ihrer Leichtigkeit und der Haltbarkeit der Plissierung konnten sie wie ein Schal gerollt werden und eigneten sich perfekt als Reisegepäck. Der Bewegung ließen diese Gewänder weitgehend freien Lauf. Schauspielerinnen wie Eleonora Duse oder Sarah Bernhardt und Tänzerinnen wie Isadora Duncan zählten zu Fortunys Kundinnen. Zu den Kleidern schuf der venezianische Maestro auch noch fast ebenso berühmte Übergewänder, die an Tuniken, Kaftans oder Kimonos erinnerten, meist aus Samt geschneidert und bedruckt mit Motiven aus der orientalischen Kunst oder der Renaissance.

24. Was bedeutet «Schrägschnitt»? Der Schrägschnitt oder auch Diagonalschnitt ist eine äußerst raffinierte Technik, bei der der Stoff nicht wie üblich dem Fadenlauf folgend, sondern schräg zu diesem zugeschnitten wird. Das Kleid entfaltet dank dieses Schnittes eine Eigendynamik, es umfließt den Körper seiner Trägerin und passt sich deren Bewegungen an. Als «Erfinderin» des Schrägschnitts gilt die legendäre Designerin Madeleine Vionnet (1876–1975). Sie pflegte vor dem eigentlichen Entwurf den Stoff um eine etwa 80 Zentimeter große Holzpuppe zu drapieren, um dessen Fall analysieren zu können. Dabei, so erzählte sie später, sei sie gleichsam zufällig auf diese Technik gestoßen. Sie habe entdeckt, dass der Stoff diagonal gelegt besser falle. Allerdings gab es schon vor Vionnet einzelne Teile, die schräg zugeschnitten wurden. Doch hat sie diese Kunst perfektioniert und durchgesetzt. Bis heute gilt der Diagonalschnitt als eine der wichtigsten Techniken der Couture, während die Kleider seiner «Schöpferin» Madeleine Vionnet den Ruf später niemals mehr erreichter Eleganz und Vollendung genießen.

25. Warum waren die 20er-Jahre so wichtig für die Mode? Die 20er-Jahre brachten der Mode so einschneidende Veränderungen wie wenige Epochen der Kleidergeschichte. Sie hoben die starre Trennung der Geschlechter auf und näherten die Schönheitsideale einander an. Damit schenkten sie den Frauen eine ganz neue Beweglichkeit. Das, was die Avantgarde der Designerwelt wie Paul Poiret oder Coco Chanel, aber auch die Reformbewegung schon vorher propagiert hatten, setzte sich nun endgültig durch. Die Frauen konnten sich ihres vorher stark repräsentativ geprägten Kleidungsstils entledigen. Der lange Rock, das Korsett und die schwere Frisur wurden gegen lockere Kleider getauscht, deren Säume bis zum Knie reichten, während die Haare zum federleichten Bubikopf frisiert wurden. Einschnürende Mieder oder Korsetts kamen aus der Mode. Statt der biederen Matrone oder der geschmückten Kurtisane bestimmte nun der «Flapper» das Frauenideal: die unabhängige junge Frau, die durchsichtige Strümpfe, kurze Haare und ärmellose Kleider trug. Der Schnitt der Kostümjacken näherte sich den Herrensakkos an, und auch Hosen galten bald als salonfähig. Frauen konnten endlich in kniekurzen Röcken Tennis spielen oder in echten Badeanzügen wirklich schwimmen gehen. Vorher waren sie in ihren langen Badegewändern eher zu Wasser gelassen worden. Das androgyn geprägte neue Bild der Frau passte sich der veränderten Arbeitswelt an. Durch den Ersten Weltkrieg bedingt, waren Frauen in vorherige «Männerwelten» eingedrungen, hatten in Fabriken, im Verkehrswesen oder im Gesundheitsbereich gearbeitet. Und dem hatte sich auch ihre Kleidung angepasst. So hatte die «Androgynisierung» der Mode, der die 20er-Jahre endgültig Bahn brachen, durchaus praktische Gründe. Gleichzeitig jedoch wirkte sie kokett, leicht frivol und superschick und bestimmt bis heute das Bild dessen, was wir als elegant empfinden. Man muss sich nur noch einmal die DVD des Films «Der Große Gatsby» anschauen, eines der stilvollsten Streifen der Kinogeschichte. Fast jede Szene beweist: Die 20er-Jahre sind modisch kaum zu schlagen.

26. Was waren die «Swinging Sixties»? Ähnlich wie die 20er-Jahre erfuhr die Mode auch in den 60er-Jahren einen tiefen Umwälzungsprozess. Statt in die Salons der Pariser Haute Couture schaute die ganze Welt plötzlich auf die Streets of London, die Londoner King's Road in Chelsea und die Carnaby Street in Soho. Hier entstanden unzählige Mode- und Musikläden, allen voran Mary Quants Boutique «Bazaar», die das neue Lebensgefühl des «Swinging London» modisch umsetzten und prägten. Miniröcke und -kleider, flache Stiefel, Regenmäntel aus PVC, poppige Farben und all das zu bezahlbaren Preisen bedienten eine junge unkonventionelle Klientel. Kleidungsvorstellungen wurden nicht mehr von mächtigen Couturiers geprägt, sondern kamen aus der jungen Szene. Hatten die 20er der Mode die immer noch wirkende Grenzüberschreitung zwischen männlicher und weiblicher Kleidung gebracht, drückten die 60er der Mode den bis heute gültigen Stempel von Jugendlichkeit, ja Jugendkult auf. Und auch die feste Verknüpfung von Mode- und Musikszene begann im «Swinging London»: Die Rolling Stones, The Who oder die Beatles, sie alle setzten auch modisch Trends.

Die ausgelassene Stimmung einer Generation, die auf witzige unkonventionelle Weise gegen die starren Vorstellungen ihrer Eltern Sturm lief, prägte den Namen des Jahrzehnts. Die Markteinführung der Anti-Baby-Pille 1961 trug das ihrige zu der neuen Ausgelassenheit bei. Der Absturz, der Katzenjammer nach der sexuellen Revolution und dem Drogendelirium, folgte erst in den 70er- und 80er-Jahren. So gesehen waren die Swinging Sixties fast ein «unschuldiges Jahrzehnt». Das drückte auch ihre Mode aus, die gerne mit kindlichen Elementen spielte. So verkörperte Twiggy, das Supermodel dieser Epoche, mit ihren Kulleraugen, dem Kurzhaarschnitt und dem fragilen ephebenhaften Körper auch perfekt den Typ der Kindfrau. Und genau wie man sich mit «Der Große Gatsby» ein Bild der «Roaring Twenties» machen kann, erlaubt Michelangelo Antonionis Kinoklassiker «Blow Up» von 1966 einen scharfen Blick auf die Sixties, der allerdings ein wenig von der Unbeschwertheit nimmt, die man gemeinhin mit dem Ausdruck «Swinging» assoziiert.

27. Wer erfand die Punk-Mode? Als der britische Rockmusik-Impresario Malcolm McLaren am 8. April 2010 starb, brandete die alte Diskussion in zahllosen Zeitungen wieder auf. Haben McLaren, der geniale Gewohnheitsprovokateur der Londoner Szene, und seine damalige Lebensgefährtin, die Designerin Vivienne Westwood, in den 70er-Jahren die Punk-Mode erfunden? Oder trieben sie nur Ideen auf die Spitze, die sie bei frustrierten, anarchisch gesinnten Jugendlichen aufschnappten? Sicher ist: Ohne McLarens Ideen und Westwoods Kreativität hätte die Punk-Kultur niemals eine derartige Symbolkraft entfaltet.

Das Power-Paar der Londoner Subkultur – sie eine ehemalige Grundschullehrerin, die aus ihrem bürgerlichen Leben ausgebrochen war, er ein schräger, fünf Jahre jüngerer Kunststudent – hatte 1971 in der Londoner King's Road den Laden «Let it Rock» eröffnet. Sie verkauften Kleidung der 50er-Jahre, den Look der «Teddy-Boys». Zwar genoss der Laden bald Kultstatus, doch wechselten die beiden den Namen und das Konzept. Zudem beschäftigte sich Westwood mit Schnitttechnik. 1974 tauften sie ihr Geschäft in «Sex» um und boten – wie es McLaren ausdrückte – «Gummi-klamotten fürs Büro» an: Fetischmode, Latex, Leder und T-Shirts mit pornographischen Aufschriften.

Schon im Jahr davor hatten Westwood und McLaren New York besucht und dort die Kostüme für die Rockband New York Dolls entworfen. Diese Gruppe gilt noch heute als eine der Urbands der Punk-Musik – sie trat in der sich formierenden Szene mit wilden Outfits auf. Westwood schuf für sie einen neuen Stil und benutzte dazu Elemente ihrer Fetischmode wie Ketten, Leder oder Gummi sowie Reißverschlüsse, die den Körper entblößten. Sie legte damit den Code für die Mode der Punker fest, ein Art Basisgarderobe der Szene. Sie selbst war ihr bestes Mannequin: Ihr Aufzug mit Löcher-shirts, Vorhängeschloss und Ledermini bringt einstige Weggefährten noch heute zum Schwärmen.

Zurück in London verkauften Westwood und McLaren ihre neue Punk-Mode. Alle Konventionen sollten gesprengt werden; was das Establishment in den Keller verbannte, wurde gnadenlos wieder herausgeholt. Sicherheitsnadeln, Kleiderfetzen und Hundehals-bänder erhob das Paar zu neuen Kult-Accessoires. Und mit der britischen Band «Sex Pistols» als ihren «Schaufensterpuppen» wurden McLaren und Westwood bald über Englands Grenzen als Ideen-geber der subversiven Szene bekannt. Jeder Auftritt der Band

Die «Sex Pistols», Inbegriff des Punk

machte auch ihre wilde Mode bekannter. McLaren managte die Sex Pistols, Westwood stattete sie aus, wobei die Zusammenarbeit eher als Symbiose denn als genaue Aufgabenverteilung verstanden werden kann.

Genau wie die Frage, ob sie die Punk-Mode wirklich erfunden oder nur auf der Straße Vorgefundenes neu zusammengesetzt haben, ist auch umstritten, wer die Sex Pistols kreiert hat. Der intelligente McLaren verstand es stets, den Eindruck zu erwecken, er habe die Band quasi erschaffen. Johnny Rotten, der eher simpel gestrickte Sex-Pistols-Sänger, der vor allem durch sein rotziges Benehmen denn durch eine brillante Performance bekannt wurde, bestritt dieses. Wie es sich wirklich verhält mit der Erfindung der Punk-Mode und der Sex Pistols, wird wohl McLarens Geheimnis bleiben. Vivienne Westwood hingegen hat all dieses schon zu Beginn der 80er-Jahre nicht mehr wirklich interessiert. Von der «Queen of Punk» entwickelte sie sich zu einer berühmten und äußerst eigenständigen Modedesignerin mit einer Vorliebe für historische Epochen wie den Barock.

28. Waren die 80er-Jahre geschmacklos? Wäre nicht vor über einem Jahr ein massives 80er-Jahre-Revival über die Modewelt hereingebrochen, hätte man diese Frage aus heutiger Sicht wohl spontan mit «Ja» beantwortet. Doch das Comeback von Schulterpolstern, Lederkluft, Power-Suit und Leggings ließ diejenigen, die dieses Jahrzehnt «live» erlebt haben, nur am Anfang erschauern. Als dann die aktuellen Entwürfe, die viele Ideen der 80er aufnahmen, in den Läden hingen, musste man zugeben: Vieles sah umwerfend gut aus. Schlüsselelemente der 80er-Jahre Mode waren von Christophe Decarnin (Balmain), Stefano Pilati (Yves Saint Laurent) oder Stella McCartney vollendet zu Schlichterem heruntergebrochen und perfekt inszeniert worden. Und so sollte man den Blick auf die Eighties selbst auch ein wenig revidieren, der Zeit von Dallas und dem Denver Clan, von einer überbordenden Label-Manie, von Madonnas Kitsch-Schmuck, von Nancy Reagan und Ivana Trump mit ihren hochfrisierten Haaren, ihrem Pseudo-Glamour und den ebenso biederen wie aufgebrezelten Kostümen. Die 80er waren eben auch die Zeit von hochtalentierten Designern wie Claude Montana oder Thierry Mugler, deren «Amazonenfrauen» mit breiten Schultern, schmaler Taille und superhohen Absätzen zwar übertrieben wirkten, doch eine eigene Ästhetik bargen. Ebenso gehören der «clean chic» eines Calvin Klein oder der sportlich klare New-England-Stil eines Ralph Lauren in die Achtziger. Beiden mangelte es nie an der nötigen Eleganz. Und natürlich prägte auch der Superstar der italienischen Mode dieses Jahrzehnt: Giorgio Armani. Armani führte die Lässigkeit in die Eighties ein, gepaart mit einer unfehlbaren, sich an den 30er-Jahren orientierenden Stilsicherheit. Den Frauen gab er den Business-Anzug, den Männern verhalf er mit seinen dekonstruierten Entwürfen zu einer nie gekannten Leichtigkeit. Die Angestrengtheit, die wir heute häufig in der Mode der 80er-Jahre entdecken, war nie seine Sache. Und wenn man Armani mit seiner Vorliebe für die Farbe «Greige» (einer Mischung aus Grau und Beige) vielleicht eine gewissen Eintönigkeit vorwerfen kann, war seine Mode eines bestimmt niemals: geschmacklos.

29. Wann war Schluss mit dem sogenannten Modediktat? Die 60er-Jahre, die Zeit des Swinging London, brachten nicht nur – siehe Frage 26 – die Herrschaft der Jugend in Modefragen, sie beendeten auch das sogenannte Modediktat. Schlicht, indem sie die Haute Couture von ihrem Sockel stießen. Schon Worth (1826–1895), der erste echte Couturier, hatte als eine Art Zeremonienmeister der Mode gewirkt. Später verfestigte sich die Macht der großen Schneider weiter, sie bestimmten ganz und gar, was Mode werden konnte und was nicht. Vorgaben wie die von Cristobal Balenciaga (1895–1972) oder Christian Dior (1905–1957) wurden nicht in Frage gestellt. Ihr Geschmack galt als unfehlbar. Und als Dior 1947 seinen New Look mit der «Ligne Corolle», der «Blütenkelch»-Linie, lancierte, folgte ihm die gesamte Modewelt begeistert. Die 60er-Jahre, in denen ein fundamentaler gesellschaftlicher Umwälzungsprozess begann, kippten diesen Mechanismus. Die «Straße» bestimmte nun den Look, viele Jugendliche wurden selbst kreativ, junge Designer stiegen auf – mit Mode, die aus den Bedürfnissen der Szene selbst heraus entstanden war. Minirock, Punk-Mode, Disco-Glitz oder Grunge-Mode – viele Trends der darauffolgenden Jahrzehnte wurden von Jugendbewegungen geprägt. Natürlich gibt es dennoch kleinere «Diktate» außerhalb des großen Modediktats. Viele gesellschaftliche Gruppierungen – von den Skatern über die Emo-Punks bis zu den wohlhabenden Hamburgern, die auf Sylt Urlaub machen, haben ihren eigenen Dresscode, dem es zu folgen gilt. Und: Auch die Moderevolution der 60er-Jahre kam nicht ohne Vorbeben. Schon die 20er-Jahre hatten viele Kleidungsvorschriften über den Haufen geworfen. Und in den 50er-Jahren kam mit dem Siegeszug von Rock'n'Roll und Blue Jeans auch eine echte Jugendmode auf. In den USA gab es da längst schon Designer wie etwa Claire McCardell (1905–1958), die sportlich-unkompliziertes Ready-to-wear entwarf, das sich dem Alltag der Frauen anpasste und eben nicht umgekehrt. Auch modische Umwälzungen kommen also nicht von ungefähr, sondern haben Vorboten. Der Modejournalist Colin McDowell hat das in seinem im Jahr 2000 erstmals erschienenen wunderbaren Buch «Fashion Today» sehr schön beschrieben und so ein wenig am Mythos der eruptiven Swinging Sixties gekratzt. Und noch etwas erwähnt McDowell – eine kleine

Ironie der Modehistorie: Der Abstieg der Couture von ihrem Thron wurde ausgerechnet von der Couture selbst mit vorbereitet, nämlich von Yves Saint Laurents «Beat»-Kollektion 1960. Sie glich einer Verbeugung vor dem Look der Straße. Saint Laurent entwarf sie für das Haus Dior – er war zum Nachfolger Christian Diors, eines der mächtigsten Modeschöpfer aller Zeiten, berufen worden und läutete nun das Totenglöckchen für die Allmacht des Couturiers.[11]

30. Funktioniert Mode heute anders als vor 50 Jahren? Mode funktioniert in entscheidenden Bereichen ganz anders als vor 50 Jahren – einer davon ist das eben besprochene Fallen des Modediktats. Fast noch entscheidender erscheint jedoch: Die Rhythmen der Mode sind sehr viel kürzer geworden. Nicht nur kommen und gehen Trends schneller, auch legen die Bekleidungshersteller sehr viel mehr Kollektionen auf als früher. Zwar gilt die Einteilung in Frühjahr/Sommer und Herbst/Winter-Saison nach wie vor, doch gibt es nun Zwischenkollektionen wie die «Prefall»-Collection (für die Übergangszeit zwischen Sommer und Herbst) und die «Cruise» (auch «Resort» genannt)-Collection, die im Winter luftige Entwürfe und Bademode für die Kreuzfahrt (oder jede sonstige Reise in südliche Gefilde) offeriert. Luxushäuser wie Chanel, Céline, Dior oder Gucci stellen regelmäßig solche Zwischenkollektionen vor. Viele Massenanbieter wechseln noch sehr viel öfter ihr Sortiment, arbeiten etwa mit zwölf – monatlich wechselnden – Programmen im Jahr. Die Kundin soll letztlich das ganze Jahr über Neues vorfinden. Mit der Beschleunigung unseres gesamten Lebensumfelds, dem steten Hunger nach Neuem, hat sich eben auch die Taktung der an den Begriff des Neuen gebundenen Mode verändert. In der Regel sind die Verbraucher durch die neuen Medien sehr viel besser über Trends informiert und rechnen mit einer schnellen Umsetzung. Durch Ketten wie H&M, Zara oder Mango können sie sich preiswert supermodisch einkleiden, auch das ein großer Unterschied zu früher. Damals galt noch der Spruch: «Ich habe zu wenig Geld, um mir billige Kleidung zu leisten.» Haltbarkeit war gefragt – ein Wechsel der Garderobe mit dem Wechsel der Mode nicht für jeden Geldbeutel machbar. Dass Kleidung jedoch derart billig werden könnte wie heute, damit hat damals wohl niemand gerechnet.

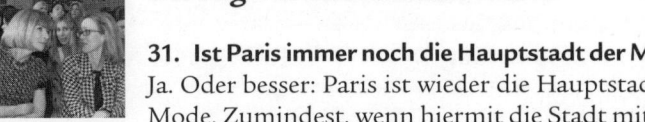

Die sogenannte Fashion World

31. Ist Paris immer noch die Hauptstadt der Mode?

Ja. Oder besser: Paris ist wieder die Hauptstadt der Mode. Zumindest, wenn hiermit die Stadt mit dem größten Potenzial an Kreativität gemeint ist. Und natürlich die mit den wichtigsten Schauen, dem Barometer der Modewelt. Nachdem eine Zeit lang die Mailänder Stilistenschauen der Pariser Prêt-à-Porter-Woche den ersten Rang in der Hierarchie der wichtigen «Schauplätze» abgelaufen hatten (erst nach diesen beiden folgen die New Yorker Schauen, die Londoner und mittlerweile vielleicht auch die Berliner Fashion Week), steht die französische Hauptstadt nun wieder an erster Stelle. Mailand war insbesondere durch die beiden Trendsetter Gucci und Prada in den 90er-Jahren sehr stark geworden. Doch als Design-Guru Tom Ford 2003 bei Gucci ausstieg, verlor die Marke und damit auch Mailand etwas von der Funktion als Zugpferd der Mode. Natürlich bleiben Italien noch klingende Namen wie Dolce & Gabbana, Armani, Marni oder Versace, doch gegen die geballte Kraft der Pariser Avantgarde kommen sie schwer an. Frankreichs große Stärke ist, dass es äußerst verschiedenartigen Designern Raum bietet. Ob die Japaner wie Comme des Garçons oder Yamamoto, die Antwerpener wie Ann Demeulemeester oder Dries van Noten, die Franzosen wie Chanel, Gaultier oder Dior und die Londoner wie Stella McCartney – die Prêt-à-Porter-Woche in Paris weist einfach ein großes Spektrum starker Kollektionen auf. Und: Fast alle Designer, die zurzeit den größten Einfluss auf die Fashion-Szene ausüben, zeigen ihre Entwürfe in Paris: Nicolas Ghesquière für Balenciaga, Alber Elbaz für Lanvin, Marc Jacobs für Louis Vuitton, Phoebe Philo für Céline, Christophe Decarnin für Balmain oder Stefano Pilati für Yves Saint Laurent. Aber noch ein Satz zu den anderen drei genannten Städten: New York gilt als zu kommerziell, um Modehauptstadt zu sein, Berlin steckt noch in den Kinderschuhen, und London hat einen Riesenpool an Talenten, die aber leider, sobald sie etwas bekannter werden, zu den Pariser Prêt-à-Porter-Schauen abwandern.

32. Bestimmen Designer wirklich, was Trend wird? Ja und nein.
Auf der einen Seite setzen viele Designer in ihren Modeschauen
immer wieder starke Trends für die darauffolgenden Saisons. Miuccia Prada beispielsweise hat schon einige Modewellen ausgelöst –
das Revival von Nylon in den 90er-Jahren etwa oder den Boom
schräger Tapetenmuster als Kleiderdruck. Vor ein paar Jahren inspirierte sie viele, als sie ihre Entwürfe mit Comiczeichnungen
schmückte, und gerade hat sie maßgeblich zu einem Comeback der
50er-Jahre mit relativ «kurvenreicher» Mode beigetragen. Balmain-
Designer Christophe Decarnin wird für das 80er-Jahre-Fieber des
vergangenen Jahres mit den extrem ausgestellten «Pagoden»-Schul-
tern, Lederjacken, Glitz-Schick und schmalen Hosen verantwortlich
gemacht. Phoebe Philo und Stella McCartney haben seinerzeit jeweils als Chefdesignerin von Chloé einen neuen Frauentyp lanciert –
sexy, mädchenhaft, romantisch und dennoch tough und selbst-
bewusst. Philo, die nun für Céline entwirft, scheint gerade auf eine
neue puristische Eleganz als Megatrend zu setzen. Designer machen
also wirklich Trends, und da diese über das Internet ungemein
schnell von ihrer Fangemeinde wahrgenommen werden, entwickeln
sie auch große Schlagkraft. Andererseits gibt es – wie schon in einigen vorherigen Fragen angesprochen – zahlreiche Tendenzen wie
Punk- oder Hippie-Mode, Preppie-Look oder Gothic-Kleidung, die
nicht vom Laufsteg auf die Straße kommen, sondern von der Straße
auf den Laufsteg. Der «Bling Bling»-Trend mit ausladendem
Schmuck und protzigen Glitter-Accessoires von 2006 etwa ent-
stammte der Rapper-Szene. Designer greifen allerdings diese Looks
häufig auf und setzen sie dann über den Runway durch. Zumindest,
wenn ihre Kunden das mitmachen. Am Ende des Tages entscheiden
die, was sich wirklich als Trend durchsetzt.

33. Wie entstehen überhaupt Trends? Auch wenn Designer
Trends setzen, schaffen sie diese keineswegs aus dem «Nichts». Sie
lassen sich von der Musikszene inspirieren, von Kultur, Architektur, Reisen und Stimmungen. Kinostreifen wie «Jenseits von Afrika» können Laufstegtrends auslösen, Kunstausstellungen, aber
auch die wirtschaftliche Gesamtsituation. Die Finanzkrise etwa
führte zu einer Art «neuer Bescheidenheit» in der Mode und einem

Revival des Purismus. Zudem gibt es eine Dialektik bei den Trends. Auf den protzigen Schick der 80er-Jahre folgte beispielsweise der Grunge-Trend – eine Art Ästhetik der Armut. Diese Welle flachte danach wieder ab, verband sich mit dem Hang zu Luxus, und als Synthese kam schließlich eine simple, doch edle Modelinie heraus. Für das, was die Designer zeigen, spielen auch die großen Stoff-messen eine wichtige Rolle: Die Première Vision in Paris etwa gilt als wichtigste «Ideenbörse» für die Luxuslabels. Viele berühmte Designer schauen sich hier um und kaufen bei den führenden Stoffherstellern ihre Stoffe, bevor sie sich ans Entwerfen machen. Ob rustikaler Tweed, romantisch gemusterte Seide oder futuris-tische Techno-Qualitäten die Mode der nächsten Laufstegsaison bestimmen, wird hier entschieden.

Jenseits der Laufstege entstehen Trends oft in kleinen gesell-schaftlichen Szenen. Die Hip-Hop-Bewegung etwa setzte zahlreiche modische Wellen in Bewegung, etwa die Invasion der tief hängenden weiten Baggy-Pants oder die Vorliebe vieler Jugendlicher für Snea-kers oder später Converse-Chucks. Die Hippies setzten Trends ge-nauso wie die Punker, die Popper genauso wie die Mods. Die jungen Computerfreaks, die mit dem New-Economy-Boom reich wurden, werden verantwortlich für den Trend zum «Casual Friday», einer gelockerten Kleiderordnung in sonst sehr klassisch und konser-vativ gekleideten Branchen, gemacht.

Auch können einzelne Personen, meist Prominente, Trends setzen: Angelina Jolie etwa mit ihren Tattoos, Lady Gaga mit ihrem provokanten Stil oder Amy Winehouse mit ihrem wilden Kleider-mix. Jüngstes Beispiel aus Deutschlands Musik-Szene: Grand-Prix-Siegerin Lena löste mit ihrem dunklen Nagellack und Lippenstift einen Run auf bestimmte Make-up-Farben aus. Und Madonnas Tochter Lourdes brachte dem Würzburger Teenager Michael Pixis Glück, als sie eines der von ihm selbst gestalteten T-Shirts trug. Seither reißen sich viele Jugendliche um die Entwürfe, der Gym-nasiast ist zum Trendsetter aufgestiegen.

In den 60er-Jahren verursachte die Schauspielerin Mia Farrow mit der superkurzen Pixie-Frisur, die sie in dem Polanski-Film «Rosemary's Baby» trug, einen Kurzhaar-Boom. Farrah Fawcett ver-antwortete rund zehn Jahre später den genau gegenläufigen Trend:

Ihre Löwenmähne in der TV-Serie «Charlie's Angels» wurde millionenfach kopiert. Auch hier zeigt sich wieder, dass Trends nicht einfach so entstehen: Farrows Frisur passte perfekt zum androgynen Schönheitsideal der 60er, während Fawcett letztlich die freiheitsbetonte Stimmung der 70er mit ihrer offenen losen Mähne aufnahm. Aber auch Sportler können Trends auslösen – etwa Andre Agassi, der seinerzeit Bandanas im Haar in Mode brachte. Oder Politikerinnen wie Julia Timoschenko, die mit ihrer Flechtfrisur vielen als Stilvorbild diente und damit sogar Givenchy-Designer Riccardo Tisci für die Frisuren seiner Models bei einer Modenschau inspirierte. Allerdings ist dies eher selten – weder Angela Merkel noch Nicolas Sarkozy taugen als Trendsetter.

34. Wer hat die Macht in der Modewelt?   Ja, es gibt sie wirklich: die Modewelt als eine mehr oder weniger abgeschlossene Einheit. Eine Fashion-Szene, die sich bei den Schauen trifft, die relativ überschaubar und gut vernetzt ist und sich gerne immer wieder ein paar Prominente wie Hollywood-Stars, Rock-Musiker oder zeitgenössische Künstler ins Boot holt, um noch mehr Schlagkraft zu entwickeln. Sie bestimmt, welche Designer sich durchsetzen können, und oft auch, welche Trends von der Avantgarde in den Mainstream überschwappen. Strukturiert ist sie relativ hierarchisch, was Schauenbesucher leicht an der Positionierung in einer Modenschau ablesen können. Wer die Macht hat, sitzt (meistens wenigstens) in der ersten Reihe. Und da nehmen vor allem die wichtigen Einkäufer und Journalisten Platz. Aber es gibt auch einige Fotografen, die enormen Einfluss in der Modewelt genießen wie Mario Testino, Stephen Meisel oder Ellen von Unwerth. Und bekannte Stylisten wie Rachel Zoe, die Nicole Richie und Lindsay Lohan einen neuen Look verpasste, sowie Patricia Field, die die Serie «Sex And The City» ausstattete.

Bei den Einkäufern gelten als Schlüsselfiguren die Chefeinkäufer der großen Luxuskaufhäuser: Bergdorf Goodman, Saks Fifth Avenue, Barneys oder die Edel-Kette Neiman Marcus in den USA, Isetan in Tokyo, Harrods und Selfridges in London, Le Bon Marché oder die Galeries Lafayette in Paris. Daneben gibt es einzelne, kleinere Läden, deren Einkäufer oder Inhaber eine sehr wichtige

Die US-Vogue in der Front Row bei Chanel

Stellung innehaben. Zu ihnen zählen Carla Sozzani, die zarte Gründerin des Mailänder Geschäftes «10, Corso Como», die coole Sarah Lerfel von «Colette» in Paris oder die elegante Maria Luisa Poumaillou, die ihre mittlerweile legendäre Boutique in Paris schlicht nach ihrem Vornamen «Maria Luisa» benannte. Großen Einfluss besitzt auch ein arabischer Scheich: Majed al-Sabah, der in Kuweit, Dubai und Damaskus die Top-Designerläden «Villa Moda» eingeführt hat.

Aufseiten der Journalisten ist die Rangfolge fast noch strenger als bei den Einkäufern. Ganz oben thronen die Chefredakteurinnen der Zeitschrift *Vogue*. Platz eins dabei muss man Anna Wintour, der Chefin der US-*Vogue*, zugestehen. Direkt nach ihr kam bis vor kurzem Carine Roitfeld, die Chefredakteurin der französischen *Vogue*, die viele für die bestgekleidete Frau der Welt halten. Roitfeld hat jedoch im Januar 2011 ihren Ausstieg aus dem Glamourmagazin verkündet. Nachfolgerin Emmanuelle Alt verfügt über ähnlichen Chic, aber sicher noch nicht so viel Macht. Gleich danach kommen die Chefinnen anderer *Vogue*-Ausgaben wie Deutschland oder Großbritannien.

Andere bedeutende Redakteure sind Stephen Gan vom amerikanischen *V Magazine* oder Glenda Bailey, die die US-Ausgabe von *Harper's Bazaar* leitet. Ihre humorvolle und ungemein stilsichere Kollegin Evelina Khromchenko hat leider an Macht verloren, seit sie ihren Posten als Chefredakteurin der russischen Ausgabe von *L'Officiel* räumen musste.

Genauso wichtig wie Anna Wintour ist jedoch nicht eine Magazin-Chefin, sondern die Modekritikerin der Zeitung *International Herald Tribune*, Suzy Menkes. Ihr Urteil über Kollektionen und Designer gilt als beinahe unfehlbar. Mit ihrer hochgewundenen Haartolle über der Stirn und oft zeltartigen Kleidern sieht sie zwar längst nicht so stylish aus wie die *Vogue*-Damen, doch weiß sie fast alles über Mode und bringt dieses mit beeindruckendem Scharfsinn und Wortwitz zu Papier. Wichtig unter den «Schreibern» sind auch Cathy Horn von der *New York Times*, das gesamte Team des Fachblatts *Women's Wear Daily* sowie Sarah Mower und Nicole Phelps vom Internet-Portal des Condé Nast Verlages www.style.com. À propos Internet: Blogger werden immer mächtiger in der Modewelt. Scott Schumann mit seinem Blog «The Sartorialist» gilt als Wegbereiter dieses Phänomens. Er startete vor ein paar Jahren mit Fotos gut gekleideter Menschen, die er teils mit kurzen Kommentaren versehen ins Netz stellte. Heute gilt er als regelrechte Institution. Erst 14 Jahre alt und absolut modeverrückt ist seine Blog-Kollegin Tavi Gevinson. Auch ihre Seite www.thestylerookie.com genießt Kultstatus, die Schülerin sitzt bei Schauen ganz selbstverständlich in der ersten Reihe.

Natürlich haben neben diesen «Rezipienten» der Mode auch die Produzenten eine Menge Macht. Auf den Einfluss der Designer wurde schon in den vorherigen Fragen eingegangen, doch noch wichtiger für das Funktionieren der Maschinerie der Modewelt sind die Inhaber oder Manager der Labels, für die sie entwerfen (sofern sie nicht für ihr eigenes Haus kreieren). Zwei seien hier stellvertretend genannt: zum einen der Unternehmer Bernard Arnault, der reichste Mann Frankreichs, zum anderen dessen Konkurrent François Pinault. Arnault führt als Vorstandsvorsitzender und Großaktionär die Luxusgruppe LVMH (Louis Vuitton Moët-Hennessy), zu der viele wichtige Modemarken wie Louis Vuitton, Céline, Givenchy oder Kenzo gehören. Auch das Label Dior ist mit LVMH verbunden und wird von Arnault kontrolliert.

Der Milliardär Pinault hält maßgebliche Anteile an der Gruppe PPR (Pinault-Printemps-Redoute), zu dem renommierte Marken wie Yves Saint Laurent, Gucci und Bottega Veneta gehören. Das Unternehmen wird heute von seinem Sohn François-Henri geführt, der mit der Schauspielerin Salma Hayek verheiratet ist und damit neben großer Macht auch noch über den nötigen Glamour in der Modewelt verfügt.

35. Ist Anna Wintour wirklich ein «Teufel in Prada»? Anna Wintours Assistentinnen haben es mit Sicherheit nicht leicht. Als eine von ihnen, Lauren Weisgerber, 2003 das Buch «Der Teufel trägt Prada»[12] herausbrachte, war in der Modebranche vollkommen unstrittig, dass Anna Wintour als Vorbild für die mächtige, superschicke und fiese Chefredakteurin Miranda Priestly – eben der Teufel in Prada – gedient hatte. Doch darüber, wie weit Fiktion und Wirklichkeit übereinstimmen, herrscht nach wie vor Uneinigkeit. Klar ist: Die Chefredakteurin der US-*Vogue* genießt einen donnernden Ruf und kann äußerst unangenehm werden. Sie gilt als höchst diszipliniert, streng, in Stilsachen unfehlbar und perfektionistisch. Seit über 20 Jahren leitet sie die amerikanische *Vogue*, aus der sie ein hochprofitables, glamouröses und zugleich amüsantes und irgendwie bodenständiges Magazin gemacht hat. Nie sieht man sie ungestylt, angefangen von dem Pagenkopf, der angeblich jeden Morgen von einer Stylistin in Form gebracht wird, bis hin zu ihrer superschlanken Figur und den durchtrainierten Beinen, denen man das regelmäßige Tennisspiel ansieht. Die Spitznamen Wintours wie «Stalin» oder «Nuclear Wintour» sprechen Bände. Das Leben einer Assistentin unter ihrer Ägide ist mit Sicherheit nicht gerade leicht. Andererseits hat die Stilkönigin, Tochter eines berühmten Zeitungsmachers und einstiges Londoner Partygirl, schon vielen unbekannten Modemachern beim Aufstieg geholfen. Zu ihren zwei Kindern aus ihrer (gescheiterten) Ehe mit einem bekannten New Yorker Kinderpsychologen pflegt sie offenkundig ein sehr gutes Verhältnis, wie viele reiche Amerikanerinnen engagiert sie sich für gute Zwecke, und langjährigen Mitarbeiterinnen wie ihrer Mode-

Anna Wintour

chefin Grace Coddington hält sie die Treue (auch wenn das Verhältnis der beiden manchmal etwas angespannt wirkt). In letzter Zeit sieht man sie sehr viel häufiger lachen als früher, vielleicht auch um das negative Bild, das Weisgerber von ihr gezeichnet hat, zu konterkarieren. Geschadet hat ihr das Buch jedenfalls nicht. Die DVD-Ausgabe der Dokumentation «The September Issue», in der sie filmisch porträtiert wird, wirbt sogar auf dem Cover mit dem Spruch «This is the real *Devil Wears Prada*». Und da Wintour an dem Film mitgearbeitet hat (sie ließ sich neun Monate vom Team des Filmemachers R.J. Cutler begleiten), wird sie auch gegen diese Werbezeile nichts einzuwenden gehabt haben. Zumindest ein Quäntchen Humor muss die «Icy Queen» der Modewelt also haben. Sie ist wohl nur manchmal ein «Teufel in Prada». Zumal sie nicht immer Prada trägt. Sondern auch gerne mal Chanel.

36. Wieso sind Modemagazine so einflussreich? Dass Zeitschriften wie die *Vogue* und Chefredakteurinnen wie Anna Wintour über eine enorme Macht in der Modewelt verfügen, wurde in den letzten beiden Fragen schon erörtert. Aber wieso eigentlich? Schließlich haben die Hochglanzzeitschriften in der Regel eine eher überschaubare Auflage und erreichen daher auch nicht besonders viele Leserinnen. Anna Wintour ist mit der US-*Vogue* schon extrem erfolgreich und bringt es auf eine geschätzte Auflage von über 1,2 Millionen Exemplaren. Die französische *Vogue* verfügt über fast genauso viel Einfluss, allerdings bei einer geschätzten Auflage von rund 130 000 Exemplaren (zum Vergleich: Die *Bild*-Zeitung bringt es auf rund vier Millionen Exemplare). Die Macht der Modemagazine gründet nicht darauf, wie viele, sondern wen sie erreicht.

Und das sind die wichtigen Händler und Einkäufer, die modisch tonangebenden Frauen, die Stylisten, die Fotografen und auch die Designer selbst – eben die Elite der Fashion-World, der andere folgen. Mode ist eine visuelle Angelegenheit. Da liegt es auf der Hand, dass ein optisch anspruchsvolles Magazin kreative Ideen sehr viel besser transportiert als eine Zeitung. Selbst das ja ebenfalls visuell arbeitende Fernsehen kann schwerlich den künstlerischen Anspruch bei Modeberichterstattung verwirklichen, den eine *Vogue* mit ihren Starfotografen, stilsicheren Redakteurinnen und Top-Stylisten bietet.

Schon als der New Yorker Jungverleger Condé Nast 1909 die knapp 20 Jahre zuvor gegründete *Vogue* übernahm, setzte er auf absolute Eleganz. Seine Zeitschrift wie auch der Hauptkonkurrent *Harper's Bazaar* verpflichteten die besten Illustratoren der damaligen Zeit, um modische Entwicklungen auf anspruchsvolle Weise darzustellen. Mit diesen Bildern setzten sie sogar oft selbst Trends. Und schon Edna Woolman-Chase, die ab 1914 die amerikanische *Vogue* leitete, verfügte über einen enormen Einfluss in der Modewelt. Die Macht der Magazine hat somit auch historische Tradition. Doch entscheidend ist wahrscheinlich die Aufmachung – der Leser meint, etwas besonders Kostbares in der Hand zu halten. Die Designer wiederum haben das Gefühl, dass ihre Entwürfe auf angemessene Weise dargestellt werden, Teil einer begehrenswerten Luxuswelt sind. Tatsächlich gibt es viele High-Class-Labels, die ihre Kleider für Fotostrecken nur an Magazine wie die *Vogue* oder die *Elle* verleihen. Zeitschriften mit einem weniger anspruchsvollen Leserkreis erhalten die wirklichen Trendteile gar nicht. Und somit haben die Hochglanzzeitschriften hier die Nase vorn.

Aber es gibt noch einen anderen Grund für die Macht der Magazine jenseits der Top-Fotografen, Top-Stylisten oder ihrem historisch gewachsenen Einfluss. Und der gilt nicht nur für das obere Segment der Magazine. Modezeitschriften dienen als eine Art Wegweiser durch den unüberschaubaren Dschungel der Trends und Labels. Sie picken der Leserin oder dem Leser aus den Laufstegbildern oder Kollektionsteilen das heraus, was für diese relevant bzw. tragbar ist. Sie übersetzen den Laufsteg gleichsam aufs Fußvolk. Und vermitteln dabei dennoch die Illusion von Individualität und eigenem Anspruch jenseits des Mainstreams. Auch hier kann man wieder bis zum Ursprung der *Vogue*, des «berühmtesten Modemagazins der Welt», zurückgehen. Condé Nast erklärte seine Zeitschrift einmal so: «Vogue ist der technische Berater – der Fachmann – für die modebewusste Frau in allem, was ihre Kleidung und Schönheit betrifft».[13]

37. Was war die erste Modezeitschrift der Welt? Als erste Modezeitschrift der Welt gilt der *Mercure galant*, der die Pariser Haute Volée ab 1672 über das Leben am Hof, Kultur, Lebensart, aktuelle

Debatten und eben auch Mode informierte. Gegründet hatte sie der Schriftsteller Jean Donneau de Visé (1638–1710). 1674 wurde die Publikation vorübergehend eingestellt, um nur drei Jahre später unter dem neuen Titel *Nouveau Mercure galant* wiederaufgenommen zu werden. Ab 1724 nannte sie sich *Mercure de France* und erschien immerhin über einen Zeitraum von gut 100 Jahren, bis sie 1825 eingestellt wurde. Der Ende des 19. Jahrhunderts herausgebrachte gleichnamige Nachfolger brachte dann keine Modethemen mehr, sondern spezialisierte sich auf Literatur. Berühmt wurde die Gazette ohnehin nicht durch Mode, sondern vor allem dadurch, dass sie eine Schlüsselrolle in einer für die französische Literaturgeschichte sehr wichtigen Kulturdebatte, der «Querelle des Anciens et des Modernes», spielte. Die Bezeichnung «Modezeitschrift» ist somit nicht ganz korrekt.

Eher trifft diese dann schon auf die *Galerie des Modes* zu, eine ebenfalls in Paris erschienene Publikation. Sie enthielt auch zahlreiche Abbildungen in Gestalt von Modekupfern. Die *Galerie des Modes* beschrieb die neuesten Trends, die sie detailgerecht illustrierte. Sie bestand nur wenige Jahre, von 1778 bis 1787. Als Vorläufer einer Modezeitschrift kann man möglicherweise auch eine Serie von Kupferstichen zu Mode und Kostümhistorie werten, die zwischen 1775 und 1783 entstand. Sie erschien unter dem Titel *Le Monument du Costume.*

In Deutschland gab es von 1786 bis 1827 das *Journal des Luxus und der Moden* (das allerdings mehrfach den Titel wechselte und zwischenzeitlich z. B. *Journal für Literatur, Kunst, Luxus und Mode* hieß). Mit vielen kolorierten Kupferstichen illustrierte es die Trends in den europäischen Metropolen, zudem gab es Beiträge zu Musik und Kunst, Innenarchitektur, Gartengestaltung und Politik. Thematisch war die monatlich erscheinende Zeitschrift also schon recht nah dran an einigen der heutigen Modezeitschriften, allerdings kam sie in Form einer Loseblattsammlung heraus und umfasste lediglich etwa 30 Seiten.

38. Wer trägt die Mode, die man auf dem Laufsteg sieht, wirklich? Böse Zungen würden hier sagen: «Niemand.» Nur allzu häufig erscheinen die verrückten Kreationen, die auf dem Lauf-

Sie trägt die Mode vom Laufsteg wirklich: Lady Gaga in Armani

steg vorgeführt werden, als nicht straßentauglich. Doch so stimmt dies nicht. Zwar gibt es zahlreiche Designermarken, die einige Entwürfe nur für den «Showeffekt» der Schau kreieren. Schließlich soll die Schau eine klare Botschaft über das Label und die Stimmung der jeweiligen Saison vermitteln, und da können stilistische Übertreibungen durchaus als eine Art «Ausrufezeichen» dienen. Natürlich dienen sie auch dem Bühnenspektakel: Im Medienzeitalter hat eben jeder nur einen kurzen Moment, um auf sich aufmerksam zu machen. Und so muss sich eine Schau auch schnell ins Gedächtnis einbrennen. Doch vieles, was auf dem Laufsteg absonderlich erscheint, hinterlässt in den Boutiquen dann einen ganz anderen Eindruck. Der viel zu kurze Rock hängt hier dann in einer längeren Variante, die Jacke, die durch das schrille Styling der Models wie ein Clownskostüm wirkte, entpuppt sich zu Schlichterem kombiniert und ohne grell geschminkten Kopf dazu als willkommener Eyecatcher im Gesamtensemble. Und so tragen auch ganz normale Kundinnen vieles von dem, was auf dem Laufsteg gezeigt wird. Und selbst die untragbarsten Teile – etwa ein sowohl fürs Büro als auch für die Party vollkommen ungeeignetes Lingerie-Kleid, das die Trägerin beinahe nackt erscheinen lässt – finden manchmal ihre Liebhaberinnen, zum Beispiel eine unbekannte Schauspielerin, die in Cannes oder Hollywood auf sich aufmerksam machen will.

39. Was kostet eine Modenschau in Paris? Und was kostet die Eintrittskarte dafür? Über die Kosten für die Inszenierung einer offiziellen Modenschau im Rahmen der Pariser Defilees der Prêt-à-Porter-Kollektionen schweigen sich die Modehäuser aus. Mehrere Insider, die ich befragte, nannten jedoch einhellig eine Summe zwischen € 100 000 und € 1 000 000 als Richtlinie. Das mag astronomisch hoch erscheinen, doch darf man nicht vergessen, dass so eine Präsentation eine Art Schaufenster der Kollektion darstellt und weltweit Beachtung findet. Da scheuen die Häuser keine Mühen und mieten teure Locations, in die ja auch noch mehrere hundert Leute passen müssen. Wochenlange Vorbereitungen (schon das Seating, das Platzieren der Gäste, kostet viele Stunden), Eintrittskarten (oft von einem Kalligraphen handgeschrieben), Bestuhlung,

Musik, Ton, Choreographie, Styling, Models, Accessoires – alles ist äußerst aufwendig und kostenintensiv.

Was hingegen eine Eintrittskarte kostet (eine Frage, die immer wieder etwa in Internet-Blogs auftaucht und z. T. grotesk falsch beantwortet wird), ist sehr viel einfacher errechnet. Nämlich gar nichts. In die Prêt-à-Porter-Schauen kommt man nur auf Einladung. Diese erhält man, wenn man für das Haus von Interesse ist, etwa weil man als Händler die Kollektion begutachtet, ihr als VIP Aufmerksamkeit verschafft oder als Journalist über sie berichtet. Journalisten und Fotografen müssen sich, bevor sie hineinkommen, außerdem noch bei der zuständigen Chambre Syndicale für die Schauen akkreditieren (das kostet € 30,-). Etwa 2000 Journalisten und 800 Fotografen stehen dann in jeder Saison auf der von der Kammer herausgegebenen Liste, doch das heißt noch lange nicht, dass sie alle eine Karte bekommen. Darüber entscheiden dann die Pressebüros der einzelnen Modemarken, denen die Listen vorliegen. Das geschieht oft ziemlich selbstherrlich, sodass sich so mancher Medienvertreter fast wünscht, es gebe käuflich zu erwerbende Eintrittskarten. Neben den «Profis» aus der Modebranche schaffen es aber auch immer einige Fashion-Liebhaber, irgendwie in die Schauen zu kommen. Mal kennen sie jemanden aus dem Modehaus, mal flehen sie den Presseservice an, sie hereinzulassen, mal fragen sie am Eingang, ob jemand noch eine Einladung übrig hat. Oft sind sie verrückt und originell angezogen und verleihen dadurch dem ganzen Spektakel Farbe, eigenwilligen Glamour und irgendwie mehr Menschlichkeit.

Eingeladen werden natürlich aber auch Leute, die dem Modehaus oder dem Modemacher in irgendeiner Weise verbunden sind. Der hochsympathische Jean Paul Gaultier etwa lädt angeblich immer seine Reinmachefrau ein. Und Chanel ist dafür bekannt, dass bei der Haute Couture neben der offiziellen Schau noch ein Extra-Defilee für alle Angestellten des Hauses veranstaltet wird, die an der Kollektion mitgewirkt haben. Was einmal mehr für Karl Lagerfeld spricht.

40. Wie kommt die Mode vom Laufsteg in den Laden? Was wirklich vom Laufsteg zum Endkunden gelangt, wird von den sogenannten Einkäufern entschieden. Die großen Luxuskaufhäuser, ob Neimann Marcus, Bergdorf Goodman, die Galeries Lafayette oder das Stockholmer NK, haben dafür einen eigenen Stab von Leuten. Bei kleineren Einzelhandelsgeschäften übernimmt oft der Inhaber selbst den immens wichtigen Einkauf. Und auch die eigenen Geschäfte einzelner Marken wie Prada oder Gucci haben an ihren Standorten jeweils Einkäufer, die die Entwürfe ordern. Deswegen kommt in der Regel auch nicht die gesamte Kollektion des Labels in die jeweiligen Boutiquen. Monate bevor der Verkauf an den Endkunden startet und die Ware der neuen Saison in den Läden hängt, durchforsten die Einkäufer die Kollektionen nach dem, was sie davon für brauchbar halten. Das tun sie aber nicht aufgrund dessen, was sie auf dem Laufsteg gesehen haben oder selbst schön finden. Einige gehen aus Zeitmangel sogar nicht einmal in die Modenschauen der Marken, die sie interessieren. Das ist auch nicht unbedingt nötig, da die Order, also die Bestellung der Modelle, in den Showrooms der Hersteller stattfindet. Hier hängt die Kollektion auf den Bügeln, oft nach Order- und Lieferterminen geordnet. Wie viel insgesamt geordert, also gekauft wird, kann für kleinere Designer schon innerhalb einer Saison zur Frage des Überlebens werden. Die Einkäufer haben also eine immense Macht in der Modebranche. Gleichzeitig werden jedoch auch ihre Position und Leistung anhand der Abverkäufe an den Endverbraucher gemessen. Wenn sich die Auswahl, die sie getroffen haben, als Flop erweist, riskieren sie ihre Stellung. Ein Einkäufer muss die Kunden und ihre Wünsche somit recht gut kennen und klug selektieren, welche Ideen eines Designers den Bedürfnissen der Endverbraucher entsprechen. Und nicht nur das: Angesagte und begehrte Labels, die einen Laden aufwerten und interessant machen, können sich erlauben, Mindestabnahmemengen vorzugeben. Diese müssen die Einkäufer dann akzeptieren. Um dennoch klug und variantenreich zu ordern und keine Übermengen einzukaufen, ist viel strategisches Geschick nötig.

41. Was ist ein Concept Store? Als Concept Store bezeichnet man ein Geschäft, das nicht nur eine bestimmte Art von Produkten – wie z. B. Kleider – führt, sondern verschiedenste Artikel verkauft, die jedoch alle zu einem bestimmten Konzept bzw. einem Stil passen. Wichtig ist die individuelle, scheinbar handverlesene Auswahl der Waren, die sich an eine bestimmte Kundengruppe richtet.

Bei Colette in Paris

Colette in Paris ist der in der Modebranche wohl bekannteste Concept Store – hier gibt es Kleider für Männer und für Frauen genauso wie CDs, Kosmetika und Bücher, Schuhe und Taschen und allerlei Lifestyle-Items wie etwa stylishe Schachbretter oder Hundenäpfe, Werkzeugkästen oder Porzellan, je nachdem, was gerade angesagt ist. Im Untergeschoss des Ladens an der feinen Pariser Rue Saint Honoré befindet sich ein Restaurant mit einer Mineralwasserbar. Hip, cool und avantgardistisch scheint alles zu sein, was es bei Colette gibt – und genauso hip und cool ist die Kundschaft oder möchte es zumindest durch den Kauf bei Colette ein wenig sein. In Deutschland sind das Quartier 206 und The Corner in Berlin bekannte Concept Stores – in beiden Geschäften wird elitärer Luxus in den verschiedensten Bereichen gepflegt. À Propos in Köln gibt sich etwas volksnäher, zugleich sehr schick und ähnlich teuer. Viele Concept-Stores bewegen sich im High-Fashion-Bereich, doch inzwischen gibt es auch kleine Öko-Concept-Stores oder Concept Stores wie Merci in Paris, ein Geschäft, das zwar sehr designerorientiert ist, sich jedoch der Wohltätigkeit verschrieben hat und daher eine ungemein warmherzige, wenig versnobte Atmosphäre verströmt.

42. Warum wird eigentlich so viel Geld in Anzeigenkampagnen gesteckt? Weil sie gleichsam die Visitenkarte der Kollektion sind. Das beginnende 21. Jahrhundert ist extrem visuell ausgerichtet, wobei jeder in der Regel nur einen kurzen Moment hat, in dem die Aufmerksamkeit und der Blick auf ihn gerichtet sind. Die Bilder einer Anzeigenkampagne müssen demnach sofort sitzen – dem Betrachter unmittelbar die Botschaft des entsprechenden Labels und die Aura, mit der es sich umgeben möchte, vermitteln. Daher stecken viele Marken, sowohl im hoch- als auch im mittel- und niedrigpreisigen Bereich, sehr viel Geld in ihre Fotoshootings, heuern bekannte Fotografen, berühmte Models oder oft an ihrer Stelle auch Hollywood-Stars sowie fähige Stylisten an, um mit ihrem optischen Abdruck Eindruck zu schinden.

Hinzu kommt, dass die Anzeigen sehr oft in Hochglanzmagazinen platziert werden, die in der Modewelt enormen Einfluss genießen und als Multiplikatoren dienen (vgl. Frage 36). Auch hier müssen sie herausstechen, da schließlich die Konkurrenz ebenfalls mit aufwendigen Kampagnen inseriert. Anzeigen sind sehr kostspielig, die Summen für Inserate müssen bei den Gesamtaufwendungen für die Werbekampagne noch hinzugerechnet werden. In der Textilbranche ist es ein offenes Geheimnis, dass die meisten Modezeitschriften die redaktionelle Berücksichtigung einer Modefirma davon abhängig machen, ob diese bei ihnen Anzeigen schalten oder nicht. Somit lohnt sich die Investition dann wieder. Die Erwähnung in einem führenden Luxusmagazin ist natürlich Gold wert, genauso wie die Abbildung der Entwürfe auf den entsprechenden Modestrecken. Wie objektiv dann jedoch die Themen in den Zeitschriften zustande kommen, ist eine andere Frage. Doch hierüber kritisch nachzudenken kann sich kaum ein Label leisten.

Wobei es ein paar Ausnahmen gibt. Der Antwerpener Dries van Noten beispielsweise, der seit über 20 Jahren im Mode-Business ist, schaltete bisher keine Anzeigen. Aus Prinzip. Er gilt trotzdem als heimlicher Darling der gesamten Modeszene.

Vorbilder

43. Warum sind Models so berühmt wie Hollywood-Stars?

Es erscheint wirklich absurd: Fast jeder kennt heutzutage Kate Moss oder Gisèle Bündchen. Zahlreiche jüngere Mode-Interessierte wissen gar, dass Freja Erichsen ein zurzeit sehr angesagtes Model ist, während der Stern von Lara Stone schon wieder verblasst. «Alte Hasen» wie Claudia Schiffer oder Naomi Campbell sind ebenso berühmt wie Sharon Stone oder Nicole Kidman, und das, obwohl sie doch eigentlich nur gut aussehen. Wohingegen die Schauspielerinnen wirklich Beachtliches vor der Kamera leisten, tatsächlich «etwas können», was den Ruhm erklärt. Wie ist es also möglich, dass trotzdem die Models so bekannt sind wie sie?

Die Bildverliebtheit unserer Zeit spielt hier sicher – wie schon in der vorangegangenen Frage – eine entscheidende Rolle. Wer gut aussieht und sich einprägt, kann auch schnell berühmt werden. Das war sicher früher auch der Fall, doch sind die Möglichkeiten medialer Verbreitung von Bildern heute viel größer. Und: Es wird über Bilder auch deutlich mehr Geld verdient als noch vor 20 oder 30 Jahren, als es einfach noch nicht so viele Zeitschriften gab, so viele Fernsehsender und noch keine Internet-Auftritte, Blogs oder Ähnliches.

Ob nun die Anzeigenkampagne einer Modemarke erfolgreich ist oder nicht und dieser zu Umsatzsteigerungen verhilft, hängt zu einem großen Teil vom Model ab. Gerade bei Kosmetik für Frauen etwa ist es äußerst wichtig, dass der Verbraucherin das Gefühl gegeben wird, durch das Benutzen eines bestimmten Produktes den zarten Teint, die strahlenden Augen oder die vollen Lippen der dafür werbenden Frau wenigstens annähernd zu erlangen. Als Isabella Rossellini 1982 einen Vertrag mit der Kosmetikmarke Lancôme abschloss, stieg sie zum bestbezahlten Topmodel der 80er-Jahre auf. Schon vor ihr hatte es berühmte Models wie Twiggy, Jean Shrimpton, Veruschka oder Jerry Hall gegeben, doch Rossellinis fürstliche und auf lange Dauer angelegte Bezahlung setzte neue Maßstäbe. Sie war eine phantastische Werbeträgerin. Frauen konnten sich mit ihr identifizieren und fanden sie nicht nur ätherisch schön, sondern auch sympathisch, Männer gerieten ins Schwärmen. Selbst der einstige Pop-Literat Christian Kracht ließ seine offenkundige Verehrung für Rossellini ganz unironisch in das ansonsten ziemlich zynische Buch «Faserland» einfließen.

Rossellini arbeitete vor ihrer Arbeit für Lancôme auch als Schauspielerin, ein Beleg dafür, wie fließend die Grenzen zwischen Schauspielerei und Modeln häufig sind. Viele Models werden Schauspielerinnen, viele Schauspielerinnen verdingen sich als Models, und wieder andere versuchen schon am Start ihrer Karriere beides. In beiden Metiers spielt das Aussehen eine große Rolle, und auch das mag erklären, dass der Bekanntheitsgrad, der in diesen Professionen zu erlangen ist, ähnlich hoch ist.

Es gibt jedoch noch einen weiteren triftigen Grund dafür, dass bestimmte Models heute weltweit berühmt sind. Auch diesen kann man am «Fall Rossellini» ablesen: Die zweifelsohne außergewöhnlich schöne Lancôme-Botschafterin startete mit einem weltweit bekannten Namen. Einen größeren Glamour-Faktor als den, Tochter des Regisseurs Roberto Rossellini und der legendären Schauspielerin Ingrid Bergman zu sein, kann es kaum geben. Ob Isabella als einfaches unbekanntes Model auch zu einem derartigen Mythos geworden wäre, ist unwahrscheinlich. In der Kakophonie der Mediengesellschaft, der Komplexität von immer mehr und immer unübersichtlicher werdenden Informationen kann jede Botschaft einfacher vermittelt werden, wenn sie auf eine bestimmte Person zugeschnitten ist. Diese zunehmende Personalisierung von Themen gilt im Bereich Mode wie beim Film, aber auch bei Fußball, Tennis oder Golf, in der Politik oder der Wirtschaft, ja sogar in der Wissenschaft. Je sichtbarer die Geschichte einer einzelnen Person wird, desto leichter ist ein Ereignis, eine Strategie oder ein Produkt zu vermitteln. Auf Rossellini folgte dann auch ziemlich folgerichtig in den 90er-Jahren das Phänomen der «Supermodels». Cindy Crawford, Linda Evangelista, Claudia Schiffer, Naomi Campbell, Christy Turlington und einige andere wurden nicht nur unfassbar gut bezahlt, sie waren auch bald berühmter als jede Modemarke, für die sie auftraten. Die Konsumenten konnten mit jeder von ihnen eine andere Story verbinden, sich ein bestimmtes Bild machen. Mit den Supermodels war der Damm endgültig gebrochen. Seitdem sind zahlreiche Models weltberühmt. So sehr, dass es den Modelabels fast schon zu viel wird. Denn der Stern der Werbeträgerin überstrahlt manchmal das von ihr Beworbene. Letzteres gerät in Gefahr, allzu beliebig zu werden. Doch die Geister, die die Textil- sowie die Kosmetikbranche mit dem Hypen ihrer Models einst riefen, werden sie nun nicht mehr los. Models sind heute so berühmt wie Hollywood-Stars, und das wird sich auch so schnell nicht ändern.

44. Warum kennt man kaum männliche Models? Es gibt einfach weniger männliche als weibliche Models im aufsehenerregenden High-Fashion-Bereich. Nach wie vor ist trendorientierte Designermode eher Frauensache. Die Labels müssen sich hier deutlicher voneinander abheben als im klassischer orientierten Herrenmodenbereich. Und somit gehört der Laufsteg, auf dem die Supermodels geboren werden, auch eher den Damen. Zwar finden sowohl in Mailand wie auch in Paris in jeder Saison Herrenmodenschauen statt, doch gegen die Mammutprogramme in Sachen Frauenkleidung kommen die Männer bei weitem nicht an. Bei den Damen gibt es Stilistenschauen in New York (allerdings wird hier auch etwas Herrenmode gezeigt), London, Mailand und Paris, zudem noch die Pariser Haute Couture wie auch die römische Alta Moda. Zudem genießen die Designerschauen für Damenmode sehr viel größere Aufmerksamkeit als die für Herrenmode.

Auch die spektakulären Werbekampagnen, mit denen Models berühmt werden können, finden eher im Damenmoden- als im Herrenmodenbereich statt. Und es gibt – ob der größeren Nachfrage nach trendorientierter Information – viel mehr Modemagazine für Frauen als für Männer. Und die heben in der Regel weibliche Models auf ihre Cover (im Übrigen wählen selbst die Fashion-Zeitschriften für Männer meist eine attraktive Frau für ihr Titelbild). Wir sind also von deutlich mehr aufsehenerregenden Frauen- als Männerbildern umgeben.

Das liegt aber nicht nur an der Mode, sondern auch daran, dass immer noch das Aussehen von Frauen mehr beachtet wird als das von Männern. Ins Positive gewendet könnte man sagen: Frauen erzeugen mehr Bewunderung für ihr Äußeres. Oder – negativ ausgedrückt: Frauen werden deutlich stärker als Objekte (der Begierde)

Einer der «Best Dressed»: Tom Ford

gesehen und dargestellt als Männer. Schon die ersten Pin-ups Ende des 19. Jahrhunderts – geschaffen von damals bekannten Zeichnern wie Charles Dana Gibson oder Raphael Kirchner – waren per definitionem eben Girls, kein Boys.

Allerdings: Männliche Models sind auf dem Vormarsch. Für Männer ist gutes Aussehen mittlerweile enorm wichtig geworden. Und auch ihr Modebewusstsein ist deutlich gestiegen. Hinzu kommt das Phänomen der sogenannten Toy Boys: Wohlhabende oder berühmte ältere Frauen halten sich gut aussehende junge Männer als Geliebte bzw. Objekte der Begierde. Die sind häufig Models und erregen relativ schnell Aufsehen. Bestes Beispiel: Jesus Luz, brasilianischer Ex-Freund von Madonna und ein gefragtes Männermodel. Sogar Karl Lagerfeld hat mittlerweile keine weibliche Muse mehr, sondern eine männliche: den phantastisch aussehenden Franzosen Baptiste Giabiconi, der auch dank seines Gönners zum bestbezahlten Männermodel der Welt aufgestiegen ist.

45. Wer sind die bestgekleideten Männer unserer Zeit?

- Javier Bardem, Schauspieler (supercool und -chic)
- Tom Ford, Modedesigner und Unternehmer (schlafwandlerisch stilsicher)
- Luciano Barbera, Textil-Unternehmer (entspannter Gentleman)
- Daniel Craig, Schauspieler (unangestrengt perfekt, ob im Anzug oder Shirt)
- Pharrell Williams, Musiker (topmodisch, aber nie affig)
- Michael Bloomberg, Geschäftsmann und Bürgermeister (hervorragend sitzende Anzüge, erlesene Krawatten)
- Johnny Depp, Schauspieler (exzentrisch, eigenwillig, doch immer gut)
- Karl-Theodor zu Guttenberg, Minister (nobel, aber nicht steif)
- Thomas Maier, Designer (lässig-elegant)
- Benedikt XVI., Papst (sakral, aber nie egal)

46. Und wer die am schlechtesten gekleideten?

- Tomi Putaansuu (auch Mr. Lordi), Musiker (monströs, entwirft die Gruselkostüme seiner Band)
- Mickey Rourke, Schauspieler (tragisch)

Eine der «Best Dressed»: Kate Moss

- Jesse Ventura, Ex-Gouverneur (wie eine Schießbudenfigur)
- Mark Zuckerberg, «Facebook»-Gründer (spätpubertär)
- Flavio Briatore, Sportmanager (schmierig)
- Marilyn Manson, Musiker (Dracula-Abklatsch)
- Gordon Brown, Politiker (wirkt immer knittrig)
- Albert von Monaco, Fürst (falsches Hemd, falsche Krawatte, falscher Anzug)
- Elton John, Musiker (clownesk)
- Dirk Bach, Komiker (ulkig)

47. Wer sind die am besten angezogenen Frauen unserer Zeit?
- Kate Moss, Topmodel (einzigartig lässiger Stil)
- Carine Roitfeld, Ex-Chefredakteurin der französischen *Vogue* (sexy und très chic)
- Charlotte Gainsbourgh, Sängerin und Schauspielerin (Queen of Cool)
- Inès de la Fressange, ehemaliges Starmodel, Pariser Berühmtheit (superelegant und doch relaxed)
- Aerin Lauder-Zinterhofer, Kosmetikkonzern-Erbin (Inbegriff von Klasse)
- Letizia von Spanien, Prinzessin (glamourös und dezent zugleich)
- Cate Blanchett, Schauspielerin (souverän und aristokratisch)
- Diane Kruger, Schauspielerin (subtil und gekonnt)
- Emmanuelle Alt, Roitfeld-Nachfolgerin (Rock-Chic mit Klasse)
- Michelle Obama, First Lady (perfekte eigene Handschrift)

48. Wer die am schlechtesten angezogenen Frauen?
- Katie Price, Model, «Busenwunder» (St.-Pauli-Stil)
- Elinor Ostrom, Nobelpreisträgerin («a class of her own»)
- Cristina Aguilera, Sängerin (allzu gewollt sexy)
- Fergie, Sängerin (Glamour-Killer)
- Paris Hilton, Hotelerbin (völlig stilfrei trotz horrenden Fashion-Budgets)
- Margarete von Dänemark, Königin (ulkig wie die von ihr entworfenen Bühnenkostüme)
- Eva Green, Schauspielerin (so schön und so wenig Farb- und Feingefühl)

Jackie Kennedy elegant im Kostüm

- Ivana Trump, Ex-Milliardärsgattin, Unternehmerin (Modepapst Richard Blackwell nannte sie «eine Kreuzung zwischen Brigitte Bardot und Lassie»)
- Martha Stewart, Unternehmerin und Vorzeige-Hausfrau (bieder, adrett und entsetzlich langweilig)
- Claudia Roth, Politikerin (könnte als Zirkusdirektorin durchgehen)

49. Wer waren die wichtigsten Stil-Ikonen im 20. Jahrhundert?

Dass man eine Epoche eigentlich nur rückwirkend beurteilen kann und nicht, während man in ihr lebt, darüber sind schon wissenschaftliche Abhandlungen geschrieben worden.[14] Die Antworten auf die vorangegangenen Fragen sind somit subjektiv geprägt, man kann sich trefflich darüber streiten. Über die wichtigsten Stil-Ikonen des vorangegangenen, des 20. Jahrhunderts hingegen wird sich relativ mühelos Einigkeit herstellen lassen. Es gibt ein paar Personen, die immer wieder wegen ihres modischen Einflusses, ihres einzigartigen Stils und ihrer großen Geschmackssicherheit gerühmt werden:

1. Audrey Hepburn, wegen ihrer Anmut, fragilen Erscheinung und der zugleich mädchenhaften und doch mondänen Garderobe. Hepburn trug gerne Caprihosen, schmale Blusen mit Dreiviertelarm und schicke Etuikleider – wie ihr legendäres Kleid in «Frühstück bei Tiffany». Sie verband eine enge Freundschaft mit dem Modeschöpfer Hubert de Givenchy, von dem sie viele Entwürfe trug.

2. Grace Kelly, wegen der großartigen Noblesse, die ihre Erscheinung ausstrahlte. Kelly sah im sportlich amerikanischen Stil mit Shorts und Bluse genauso perfekt aus wie im weißen, drapierten Cocktailkleid mit Trägertop oder im New-Look-Kostüm mit schmaler Jacke und schwingendem Rock.

3. Jackie Kennedy, die eine perfekte Mischung aus schlichter Eleganz und Modernität erreichte. Auch Kennedy konnte sehr sportlich auftreten mit Shorts und lässigen Pullovern in Ostküstenmanier, aber auch sehr feminin in Etuikleidern und Kostümen mit kurzen figur-

Der stets perfekte Cary Grant

betonten Jäckchen. Klare geometrische Linien prägten viele der Entwürfe, die sie trug.

4. James Dean – er wirkte nie sehr modeinteressiert und in keinem Fall aufwendig gekleidet. Doch sein Look mit Jeans, T-Shirt und Perfecto-Lederjacke gilt bis heute als ultimativer Maßstab männlichen Sex-Appeals und beeinflusste nachhaltig die Männergarderobe.

5. Cary Grant. Niemand konnte einen grauen Anzug derart lässig und gekonnt tragen wie der gut aussehende Schauspieler. Auch in Segelpullover, Chinos und Slippern machte er eine blendende Figur. Seine Garderobe saß stets perfekt und strahlte große Klasse aus. Dabei war nichts daran gewollt und gekünstelt, sondern dank einer schlichten Grundlinie und nur weniger ausgesuchter Accessoires wirkte sein Auftritt immer selbstverständlich. Während die drei eben genannten weiblichen Stil-Ikonen sich in ihrem Stil ähnelten, stellen Cary Grant und James Dean Gegenpole dar. Dean wirkte jung, rebellisch und draufgängerisch, während Grant den perfekt gepflegten, weltgewandten Gentleman gab. Der allerdings mit Selbstironie und jungenhafter Frechheit agierte.

6. Mahatma Gandhi. Die «große Seele» (so lautet das Wort «Mahatma» im Deutschen) predigte nicht nur Einfachheit und Bescheidenheit – er hielt sich auch in seiner Kleidung hieran. Gandhis schlichter weißer Dhoti, das traditionelle indische Beinkleid aus Baumwolle, zusammen mit dem Umhang, seinen flachen Ledersandalen, der runden Brille und seine gerade Haltung sind der ewig gültige Beweis, dass weniger mehr ist und es keinerlei Luxus bedarf, um Noblesse auszudrücken. Die Sehnsucht nach Klarheit und Purismus in der Mode wurde durch Gandhis Ideale beeinflusst. Beherzigten alle seinen Satz «Man soll weder annehmen noch besitzen, was man nicht wirklich zum Leben braucht», würde allerdings die gesamte Modeindustrie pleitegehen.

50. Was heißt Celebrity-Dressing? Hiermit ist das Phänomen gemeint, dass Modemarken Stars einkleiden. Das «Celebrity-Dressing» spielt gerade für das Image einer Modemarke heute eine sehr

Schlicht und ergreifend:
Mohandas «Mahatma» Ghandi

wichtige Rolle. Wenn ein Star wie Sarah Jessica Parker, Sienna Miller oder Kate Moss ein Kleid, Schuhe oder eine Handtasche eines Labels trägt und damit fotografiert wird, kann sich der Hersteller relativ sicher sein, dass das jeweilige Teil gut oder sogar phantastisch verkauft wird. Einige Stars werden von bestimmten Firmen komplett eingekleidet, andere switchen zwischen den Marken. Zeitschriften wie *InStyle* oder *Gala* berichten bevorzugt über «Celebrity Dressing» und erhöhen damit enorm den Glamour bestimmter Outfits und Marken. Eine besonders wichtige Rolle spielt das Einkleiden Prominenter in der Oscar-Nacht. Wer was auf dem Roten Teppich oder bei der Preisverleihung auf der Bühne des Kodak Theatre in Hollywood trägt, wird von Millionen gesehen und verschafft den von den Stars und ihren Stylisten erwählten Entwürfen eine hohe Durchschlagskraft.

51. Ist Heidi Klum ein Role-Model für Frauen? Oder ganz einfach eine Nervensäge? Beides. Heidi Klum hat es mit bemerkenswerter Energie geschafft, sich von einem hübschen Unterwäsche-Model zu einer großartigen Geschäftsfrau hochzuarbeiten. Gleichzeitig managt sie eine Familie mit vier Kindern. Das ist per se schon eine nachahmenswerte Leistung. Die Erfolgsstory wird allerdings dadurch geschmälert, dass zu ihr maßgeblich die Serie «Germany's Next Topmodel» beigetragen hat, die Klum moderiert und die sie mit ihrer Erscheinung maßgeblich prägt. «GNTM» geht nicht nur der gesamten Modebranche, sondern wahrscheinlich auch vielen Eltern von Mädchen mit Modelambitionen à la Klum gehörig auf die Nerven. Der Weg zum Laufsteg-Mannequin wird hier vollkommen verzerrt dargestellt und lässt das Mode-Business in einem derart falschen Licht erscheinen, dass es fast schon wieder witzig sein könnte. Leider bemerken viele der jüngeren und vielleicht auch älteren Zuschauerinnen die unfreiwillige Ironie nicht, die der Serie eignet. Üblicherweise müssen Nachwuchs-Models nicht Räume auf stupide Art dekorieren, sinnlos im Bikini herumtanzen oder sich mit unangenehm wirkenden Tieren anfreunden. Das Wort «Challenge», das für die einzelnen «Model-Tests» benutzt wird, ist seitdem praktisch unbenutzbar geworden. Klum selbst agiert mit einer anstrengenden Mischung aus Kumpelhaftigkeit, Scharfrichtermanier und Koketterie eher unglücklich. Man kann nur hoffen, dass die Sendungen nicht spürbar den IQ einer ganzen Generation senken. Zum echten Pariser Laufstegstar ist übrigens bisher keine der Siegerinnen von Klums Modemanege geworden. Sie mögen sich vielleicht damit trösten, dass auch Klum selbst nie ein solches war.

52. Hat der Papst einen eigenen Modedesigner? Ja, hat er. Oder besser: mehrere. Die aber nicht nur für ihn arbeiten. Die Familie Stadelmaier aus den Niederlanden mit einem auf sakrale Kleidung spezialisierten Atelier beispielsweise kleidet seit drei Generationen immer wieder Päpste ein. Der jetzige Firmenchef Aart Stadelmaier hat Papst Benedikt XVI. für seine USA-Reise 2008 ausgestattet. Und nicht nur ihn, sondern zugleich sein Gefolge von 25 Kardinälen, 300 Bischöfen und Hunderten von Priestern. Die Entwürfe von Stadelmaier und seinen 15 Mitarbeitern gelten als besonders hochwertig und fein. Aarts Großvater Arthur hat schon für Paul VI. geschneidert, sein Vater Ben kleidete Johannes Paul II. ein.

Die wichtigsten Konkurrenten Stadelmaiers im Wettbewerb um

Benedikt XVI. im windschnittigen Gewand

den Zuschlag für die Ausstattung des Heiligen Vaters sitzen in Rom bzw. der Vatikanstadt. Auch die Schneiderei Gammarelli ist ein «Couturier des Vatikans» und stattet seit rund 200 Jahren Kirchendiener aus. Allein für sechs Oberhäupter, von Pius XI. bis zu Johannes Paul II., fertigten sie schon die Gewänder. Die «Sartoria per Ecclesiastici» gilt als besonders vornehm und absolut verschwiegen.

Papst Benedikt XVI. ist hier im Gegensatz zu seinen Vorgängern nicht Stammkunde. Er lässt meist (wenn nicht bei Stadelmaier) bei Euroclero fertigen. Alessandro Cattaneo, Inhaber dieses ebenfalls auf katholische Amts- und Würdenträger spezialisierten Ausstatters, gilt daher zurzeit als eine Art Trendsetter kirchlicher Schneidermeister, ist doch dieser Papst immer besonders elegant gekleidet. In seiner Freizeit wurde Benedikt XVI. übrigens auch schon in Kleidung von ganz weltlichen Designern gesehen – in einer coolen Sportjacke von Adidas und Schuhen von Geox. Das Gerücht, seine superschicken roten Schuhe stammten von Prada, erwies sich allerdings als Ente.

Modische Alltagsfragen

53. Warum ist es heute so schwer, sich gut anzuziehen? Weil es viele früher gültige «Spielregeln» nicht mehr gibt. Der einstige strenge Dresscode und das Modediktat wirkten zwar einerseits einzwängend und erlaubten dem Einzelnen deutlich weniger Freiräume in Kleidungsfragen als heute, andererseits half ihm das Regelwerk, sich stilvoll anzuziehen, ohne groß darüber nachzudenken. Heute muss jeder seinen Stil finden, und die vielen Vor- und Ratschläge in Modemagazinen wirken manchmal eher verwirrend als hilfreich. Die Trends wechseln wie das Wetter, und wer glaubt, hier Schritt halten zu können, ist meist verloren. Es gibt derart viele Möglichkeiten, sich durch Mode neu zu entwerfen, dass sie das Gros der Menschen überfordern. Vielleicht gibt es deswegen immer wieder einzelne Gruppen – Punks oder Yuppies, Lohas oder Rapper – innerhalb der Gesellschaft, die einen eigenen Dresscode und damit ein das Leben vereinfachendes Regelwerk entwickeln. Und möglicherweise weicht deswegen eine Mehrheit auf rein praktische, wenig elegante Kleidung aus – weil sie das Leben leichter macht. Aber eben leider nicht schöner. Tatsächlich ist guter Stil einen gewissen zeitlichen Aufwand wert. Um ihn zu entwickeln, gibt es zum Glück dann doch ein paar wenige goldene Regeln: a) Folgen Sie Trends nur dosiert, b) treten Sie stets gepflegt auf, aber nie allzu korrekt oder gar adrett angezogen, c) kaufen Sie nur, was Ihnen steht, d) ... und auch nur dann, wenn das Kleidungsstück perfekt sitzt. Und die wichtigste: Schaffen Sie sich einen großen Spiegel an.

54. Gibt es Klassiker, die jeder im Schrank haben sollte? Oh ja! Männer, die auf ihre Garderobe Wert legen, sollten auf jeden Fall im Schrank haben:

- mindestens einen gut geschnittenen, ihnen perfekt passenden Anzug
- einen Stapel weißer T-Shirts guter Qualität (als Top-Marke gilt hier Zimmerli)
- eine ordentlich sitzende Jeans

- ein Paar ebenso ordentlich sitzende Chinos (leichte Hosen aus Baumwolltwill)
- mindestens ein schönes weißes Oberhemd
- einen grauen, braunen oder schwarzen Kaschmir-Pullover
- einen tadellos gearbeiteten Trenchcoat oder alternativ einen schmalen schwarzen Nylonmantel (der ist dank Miuccia Prada zum Klassiker aufgestiegen)
- wenn sie abends gerne feiern: einen Smoking samt Zubehör

Stilbewusste Frauen sollten in ihrem Kleiderschrank haben:
- einen perfekt sitzenden schmalen Rock
- ein lässiges «Kofferkleid», also ein einfach auf Reisen mitzunehmendes Jerseykleid (ideal wären etwa die Wickelkleider von Diane von Fürstenberg oder von Issa)
- eine feine Strickjacke in Top-Qualität
- eine gut sitzende Jeans
- eine schöne weiße Bluse
- eine softe Seidenbluse oder ein Seidentop
- ein elegantes, zeitloses «Kleines Schwarzes»
- einen Trenchcoat
- und auf jeden Fall eine kleine Auswahl an schöner, gut unter die jeweiligen Outfits passender Lingerie. Wenn die Unterwäsche nicht stimmt, dann ist das Darüber so gut wie verschenkt.

55. Was trägt man zu Abendeinladungen? Das hängt von der Einladung ab. Bei feierlichen Anlässen erfolgt sie in der Regel schriftlich, und der Dresscode ist auf ihr vermerkt. Die jeweilige Formulierung legt ihn recht genau fest. Meistens steht dabei nur eine die Herrenkleidung betreffende Regel auf der Karte. Die Dame muss sich dann dem entsprechenden Code anpassen.
Und so sieht das dann aus:

- «White Tie» (oder: «White Tie / Long Evening Gown», «Frack», «Frack / großes Abendkleid») stellt die höchsten Anforderungen an die Garderobe. Männer legen einen Frack an mit Frackhemd, weißer Fliege oder handgebundener Schleife, Hosen mit Satinstreifen sowie schwarze Lackschuhe. Damen erscheinen in langer

Abendrobe bzw. Ballkleid. «White Tie»-Einladungen gibt es zu hochoffiziellen Abendveranstaltungen, Gala- oder Hochzeits-bällen sowie Staatsempfängen. Beim Nobelpreisfest in Stock-holm ist auch «White Tie» vorgeschrieben.

- Steht «Black Tie» (Varianten: «Black Tie / Evening Gown», «Smo-king», «Smoking / Abendkleid») auf der Karte, wird erwartet, dass Männer in einem Smoking, Smokinghemd mit dunkler Fliege bzw. handgebundener Schleife und schwarzen Schuhen (aus poliertem Glattleder oder Lackleder) erscheinen, während Frauen im langen Abendkleid, im festlichen Cocktailkleid oder einem (dann aber äußerst glamourösen) Hosenanzug kommen. «Black Tie»-Einladungen werden bei offiziellen Abendgesellschaften, Bällen, aber auch kleineren Dinnerpartys ausgesprochen.

- «Dunkler Anzug», wohl der häufigste Hinweis bei Abendein-ladungen, entbindet vom Smoking oder Frack. Er wird bei etwas weniger formellen, aber ebenfalls sehr festlichen Abendanlässen gewählt, aber auch bei Empfängen, und meint genau das, was er sagt. Herren tragen also einen dunklen Anzug mit weißem Hemd, Seidenkrawatte und schwarzen Schuhen, die Damen wählen ein Kleines Schwarzes, ein Cocktailkleid oder eine elegante Bluse zum Rock, am besten mit High Heels kombiniert. Wenn «Cock-tail» auf der Einladung steht, kann man sich an denselben Dress-code halten.

- «Blazer» verlangt eigentlich nach der klassischen Clubjacke in Dunkelblau mit Goldknöpfen zur grauen Flanellhose. Doch einige Männer empfinden dies als allzu bieder und wählen eine gepflegte Kombination – etwa eine hellbeige Baumwollhose mit einem edlen Sakko und Krawatte. Und dazu braune elegante Schuhe. Oder man entscheidet sich für einen Anzug, der dann nicht unbedingt dunkel sein muss. Das Hemd darf gestreift oder dezent gemustert sein. Frauen sind mit einem Etuikleid gut an-gezogen, aber auch in einer Seidenbluse zur Hose oder einer Bluse/Rock-Kombination. «Blazer» wird häufig bei privaten Abendfeierlichkeiten verlangt.

- Bei «Casual» darf man es entspannt sehen. Hier reicht die Bandbreite für den Mann von Jeans bis zu Baumwollhosen in Brauntönen. Ein schönes Oberhemd und ein feiner Pullover wären perfekt. Die Krawatte sollte im Schrank bleiben. Frauen haben zahlreiche Möglichkeiten: Jeans und Top oder Bluse, lockere Kleider, Rock und Pullover: Vieles ist erlaubt. T-Shirts oder ein ungepflegter Look gelten jedoch als Tabu. Schließlich geht es trotz allem um eine formelle Abendeinladung. Eine etwas elegantere Variante von «Casual» heißt «Smart Casual».

Bei den Schuhen für die Damen gilt: Je festlicher der Anlass, desto offener sollten sie sein. Hochhackige Abendsandaletten können umwerfend aussehen und jedes Abendkleid enorm aufwerten. Überhaupt High Heels: Sie sind abends eigentlich durch flache Schuhe nicht zu toppen. Allerdings sollten sie – je nach Programm – auch einen ganzen Tanzabend durchhalten. Sie müssen also perfekt sitzen und so bequem wie bei hohen Absätzen möglich sein. Ballenpolster zum Einlegen können dabei helfen. Auch sogenannte Stöckelstulpen können nach längerem Stehen, Gehen oder Tanzen auf Stilettos Abhilfe schaffen. Diese können in der Abendtasche mitgenommen und bei Bedarf einfach über die Bleistiftabsätze gestülpt werden. Der Auftritt wird dadurch standfester und etwas abgedämpft.

Schmuck sollte generell sparsam und gezielt eingesetzt werden. Zum Cocktailkleid etwa kann ein einzelner großer «Cocktailring» (und eventuell dazu passende Ohrringe) phantastisch aussehen. Je festlicher der Anlass ist, desto auffallender darf der Schmuck sein.

Natürlich gibt es neben den festgelegten Formeln auch «persönliche» Dresscodes – individuelle Wünsche des Gastgebers bezüglich der Kleidung seiner Gäste. Zur Qual für die Eingeladenen können Mottopartys werden. Doch auch hier sollte man die auf der Einladung angegebene Regel respektieren – soweit es einem möglich ist, ohne die Selbstachtung zu verlieren (Motti wie «70er-Jahre» oder «Schweinchen Dick» sind dabei noch die harmlosesten Varianten). Bei Einladungen ganz ohne Dresscode muss man sich auf seine Einschätzung des Abends und seines Verlaufs verlassen (Abendessen im kleinen Kreis, gesetztes Dinner, Brötchenparty?).

Im Zweifel sollte man sich so anziehen, dass man sich genauso wohlfühlt, wenn der Gastgeber in Jeans die Tür öffnet wie wenn er im Anzug mit Krawatte erscheint.

56. Was macht einen guten Anzug aus? Schnitt, Stoff und Verarbeitung sind enorm wichtig für einen guten Anzug – doch das Allerwichtigste ist die Passform. Ein Anzug kann noch so schön geschnitten und aufwendig gefertigt sein: Wenn er nicht sitzt, nützt dies alles nichts.

Der «gute Anzug» ist also zum Teil eine ganz individuelle Angelegenheit. Was bei dem einen perfekt wirkt, sieht bei dem anderen furchtbar aus und wird dann trotz aller Hochwertigkeit als «schlechter Anzug» wahrgenommen. Achten sollte man beim Sitz auf:

- die Ärmellänge des Jacketts. Der untere Rand des Oberhemdenärmels, etwa ein Zentimeter, sollte noch sichtbar sein.
- die Länge der Jacketts. Beim klassischen Business-Anzug verdeckt es exakt das Gesäß (ansonsten kann die Länge aus modischen Gründen durchaus variieren).
- die Schulterpartie. Die Schulter sollte körpernah geschnitten sein, weder überhängend noch zu knapp bemessen, sondern wirklich perfekt sitzend.
- die Taillenweite der Jacke. Weder darf Letztere hier zu weit fallen, noch darf sie einschnüren. Der Knopf sollte geschlossen werden können, ohne dass unschöne Falten entstehen.
- die Weite der Hose. Sie darf keinesfalls am Bund einschnürend wirken, sollte aber auch nicht schlabbern oder gar über die Hüfte rutschen.
- die Länge der Hose. Idealerweise «stößt» die Hose auf den Schuhen auf, es sei denn, man wählt aus modischen Gründen, etwa für einen 60er-Jahre-Look, kürzere Hosen.

Wer keinen Anzug von der Stange findet, der perfekt passt, muss sich nicht stattdessen einen sündhaft teuren Entwurf nach Maß exakt auf den Leib schneidern lassen. Es gibt mittlerweile viele Hersteller, die sogenanntes Semi-Tailoring oder Maßkonfektion anbieten. Ein Grundmodell wird dabei in der Regel an den ent-

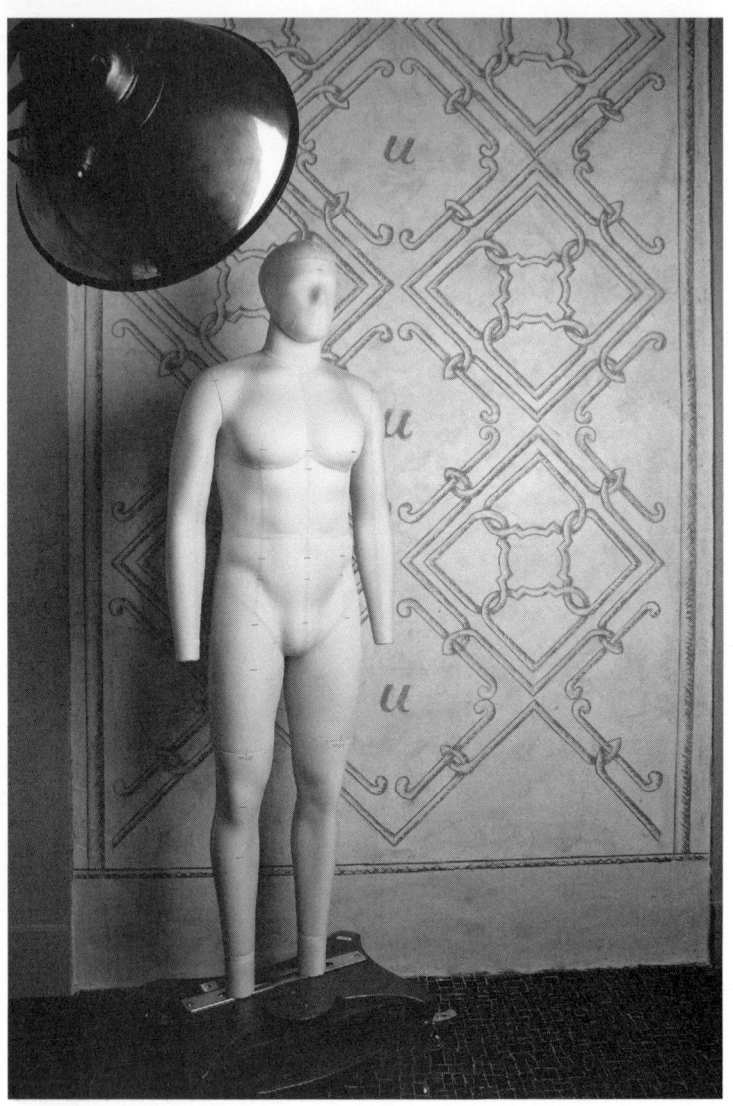

Modell des «Uman-Body»: Grundlage für den perfekten Anzug

scheidenden Stellen auf das Maß des Kunden hin verändert. Aber es gibt auch andere Konzepte für dieses Segment, bei denen der Körper des Kunden etwa vor dem Zuschnitt gescannt wird oder bei denen der Kunde in eine Art «Rohmodell» schlüpft, das ihm angepasst wird und als Grundlage für das spätere Produkt dient. Das italienische Label «Uman» ist kürzlich mit einem ganz neuen Ansatz auf den Markt gekommen. Hier wurde der virtuelle Körper eines durchschnittlichen Westeuropäers aus den Maßen von rund 3000 gescannten Männern in einem komplizierten Prozess errechnet. Er diente als Grundlage für die Modelle in den verschiedenen Größen, die ebenfalls neu definiert wurden.

Natürlich gibt es daneben auch noch vom Kunden unabhängige individuelle Faktoren, die über die Güte eines Anzugs entscheiden. Der Stoff spielt dabei eine entscheidende Rolle. Fühlt er sich steif und kratzig an? Oder weich, fein und glatt? Knittert er? Oder fällt er makellos?

Anzüge aus Synthetikmaterialien sollte man grundsätzlich vermeiden und stattdessen lieber in Schurwolle, Kaschmirqualitäten, Mohair und Flanell investieren. Meistgetragenes Material beim Maßmodell ist reine Schurwolle. Hier gibt es z. B. Unterschiede bei der Garnfeinheit. Auf dem Label des jeweiligen Stoffherstellers findet man diese als «Super 100» oder «Super 120» o. Ä. angegeben. Der Wert bezeichnet die Länge des Garns in Metern gemessen, die ein Gramm Gewicht ergibt. Je höher die Zahl, desto feiner das Garn. Einige Stoffhersteller haben sich über viele Jahre in der Branche einen hervorragenden Namen für edle Tücher erarbeitet. Wenn der Stoff von ihnen stammt, dann ist man meistens auf der sicheren Seite. Zegna, Cerruti, Barbera und Scabal zählen hierzu.

Entscheidend ist auch die Verarbeitung. Hier gilt es darauf zu achten, ob die Einlagen glatt und gut im Anzug sitzen oder stattdessen Falten oder gar Wülste verursachen. Dessins sollten perfekt aufeinanderpassen. So müssen Streifen etwa ohne Unterbrechung über die Brusttasche laufen. Insgesamt sollte der Anzug, auch wenn man ihn auf links dreht, ordentlich und sauber gearbeitet wirken.

57. Gilt die Regel «No Brown After Six» noch? Nein. Die Regel, dass Männer nach sechs Uhr keine braunen Schuhe mehr tragen sollten, kann man beruhigt ad acta legen. Heute noch angewandt, hätte sie zur Folge, dass eine Unzahl von Business-Leuten noch während ihres (meist deutlich nach sechs Uhr) endenden Arbeitstages die Schuhe wechseln müsste. Denn anders als in der verwandten Regel «No Brown in Town» sind braune Schuhe zum dunklen Anzug längst bürotauglich und gelten sogar als besonders schick. Wendet man die Regel auf Abendgesellschaften an (und dafür ist sie eigentlich auch gedacht), gilt sie allerdings je nach Dresscode (vgl. Frage 55) noch. Zu festlichen Anlässen gehören nach wie vor schwarze Schuhe. Zum «After Work»-Cocktail jedoch kann man getrost die ungleich schickeren dunkelbraunen Oxfords anbehalten. Hält man sich allerdings in England auf, sollte man Vorsicht walten lassen: «No Brown After Six» ist hier vielerorts noch die Regel.

58. Gibt es absolute No-Gos in Sachen Kleidung fürs Büro? Ja. Alles, was entweder zu nackt, zu schrill oder zu schlampig wirkt, ist im Büro tabu. Also all das, was die Konzentration auf die Arbeit mindert, entweder von ihr ablenkt (wie im Fall allzu offenherziger Outfits) oder signalisiert, dass man sie nicht richtig ernst nimmt (wie im Fall zu greller oder zu freizeitmäßiger Kleidung). Meiden sollte man daher Stücke, die viel Haut freilegen, wie Tank Tops und bauchfreie Oberteile, Miniröcke, unter dem Po hängende Hosen, Shorts oder Ähnliches. Ein Riesendekolleté oder ein bis zum Bauchnabel offenes Herrenhemd sind ebenfalls echte No-Gos. Jeder Geschäftsführer erhält bei einem derartigen Auftritt den Eindruck, seine Angestellten marschierten ins Büro für alle möglichen Kontaktaufnahmen, aber keine dem Job dienende.

Der Dress sollte in den Hintergrund treten (außer vielleicht in der Modebranche, doch auch hier kleidet sich zumindest das gesamte Management eines Unternehmens superkorrekt und dezent). Allzu schrille Kleidung mit knalligen Farbkombinationen, Accessoires wie eine Federboa oder Krokostiefel vermitteln das falsche Signal. Modisch zerfetzte Hosen oder knittrige Shirts, Baseball-Kappen, Jogginghosen, Flip-Flops oder offene Freizeitsandalen können leicht den Eindruck erwecken, dass man sich nicht am Arbeitsplatz, sondern am Strand oder auf dem Sportplatz wähnt.

Jeans sind Ansichtssache. Es gibt einige Branchen, da sind sie nur am «Casual Friday» erlaubt, etwa bei Anwälten. Bei Mandantenkontakt müssen sie jedoch immer im Schrank verschwinden und durch den hoffentlich dort für den Notfall hängenden Anzug ersetzt werden. Überhaupt gelten viele gelockerte Kleidungskonventionen in klassischen Branchen wie auch bei den meisten Führungspositionen nicht. Bei Bankern, Juristen oder Managern herrscht in der Regel Anzug- und Krawattenpflicht. Architekten können sich mehr Lässigkeit erlauben, Journalisten ebenso wie auch Werber und Grafiker, aber auch Verwaltungsangestellte oder Bürokräfte mit wenig «Außenkontakt». Gepflegt müssen sie jedoch alle herumlaufen. Sonst entgleitet das Ganze. Was dann passiert, wurde in einem Memo der US-Kanzlei Shearman & Sterling vor acht Jahren deutlich. Damals waren die sonst recht strengen Kleiderregeln der Anwälte durch den «Casual Friday» erheblich gelockert worden. In einigen Sozietäten griff der Freizeitlook bald auf die ganze Woche über. Irgendwann zogen diese die Notbremse und gaben «No-Go-Listen» für die Partner und Angestellten heraus. Bei Shearman & Stearling tauchten in der Aufzählung der Bekleidungstabus neben den «üblichen Verdächtigen» wie Sneakers, Flip-Flops, Jeans oder Shorts auch Hausschuhe («bedroom slippers») auf.[15] Irgendeiner der sich sonst hochseriös gebenden Anwälte schien hier deutlich zu weit gegangen bzw. geschlurft zu sein.

59. Kann man heute noch Pelze tragen, ohne gleich eine Sünde zu begehen? Stella McCartney entwirft grundsätzlich keine Pelzteile (auch nichts aus Leder, denn sie ist Veganerin). Fast alle Öko-Modemacher verzichten auf Tierfell. Und ohne die lautstarken Proteste der Tierschützerorganisation PETA vor den Defilees von für ihre auffallenden Pelzkreationen bekannten Designern wie Gaultier oder Dior würde einem schon fast etwas fehlen. Dennoch sind Pelze «en vogue». Lange sah man nicht so viele Nerze, Füchse oder Persianer auf den Laufstegen wie in den letzten beiden Wintersaisons. Und man muss zugeben: Sie sehen oft beeindruckend aus.

Wer Fleisch isst und Lederschuhe trägt, argumentieren die Befürworter, der kann sich auch ruhig das Fell der getöteten Tiere über die Ohren ziehen. Doch wenn dann Berichte über bei lebendigem Leib gehäutete Füchse in China oder die tierquälerischen Zustände auf einer dänischen Nerzfarm an die Öffentlichkeit dringen, werden auch glühende Pelzfans plötzlich ganz still. «Will costumers still love astrakhan when they learn where this fur comes from?», fragte vor ein paar Jahren die *New York Times* und berichtete über den Trend zu edlem Astrachan, auch Persianer genannt, dem Fell des Karakul-Schafs, das als besonders lockig und glänzend gilt.[16] So toll es aussieht, weist es doch einen nicht unerheblichen «Schönheitsfehler» auf: Meistens werden die Astrachan-Lämmer schon wenige Tage nach ihrer Geburt getötet, weil sie dann gleichmäßigere kleine Locken haben. Manchmal werden – für die sogenannte Breitschwanz-Variante – gar die Häute zu früh bzw. tot geborener Tiere benutzt. Tierschutzverbände behaupten, dass die Aborte häufig keine natürlichen Ursachen haben, sondern künstlich provoziert werden. Es wird auch über Fälle berichtet, bei denen die ungeborenen Tiere aus dem Mutterleib herausgeschnitten werden. In ihrem Artikel befragte die *New York Times* einige berühmte Designerfirmen nach der Herkunft ihrer Astrachan-Fälle. Viele gaben nur ausweichend oder überhaupt keine Antwort.

Wenn also sogar die Luxusindustrie mit ihren exorbitanten Preisen für Tierfelle kaum auf die Herkunft der Pelze achtet, wie steht es dann erst um Billigprodukte? Kann ein Konsument überhaupt noch Pelz tragen, ohne sich mitschuldig zu machen an verabscheuungswürdigen Tierquälereien?

Im Zweifel lautet die Antwortet wohl leider «Nein». In der Regel kennt er die Herkunft der Tierhäute ja nicht und wird sozusagen unwissentlich zum «Mittäter». Und man kann davon ausgehen, dass die meisten Pelze von Zuchtfarmen stammen, auf denen – gelinde gesagt – fragwürdige Bedingungen herrschen. Doch gibt es mittlerweile auch Anbieter, die mit «politisch korrektem» Pelz werben. Das Berliner Label «Friendly Fur» etwa hat sich auf Felle von Füchsen spezialisiert, die aus freier Wildbahn stammen und aufgrund der bestehenden Überpopulation von Förstern und Jägern erlegt werden. Hier wäre der Kauf eines Pelzes sogar ein cleverer Beitrag zur Nachhaltigkeit, wird doch ein eigentliches «Abfallprodukt» sinnvoll verwertet. Sofern die Angaben von «Friendly Fur» wirklich stimmen. Auch das bayerische Unternehmen Loringhoven gibt an, nur Pelze von Tieren zu verwenden, die wegen Überpopulation getötet werden mussten oder die – ohne äußere Einflussnahme – bei der Geburt gestorben sind.

Die IFTF (International Fur Trade Federation) hat zudem vor wenigen Jahren eine Kennzeichnung für – ihrem Dafürhalten nach – verantwortungsvoll hergestellte Pelzwaren eingeführt. Das «Origin Assured» (Herkunft gesichert)-Warenzeichen, kurz OA, weist darauf hin, dass der Pelz oder das Fellprodukt aus einem Land stammen, in dem nationale oder lokale Standards respektiert werden. Diese Standards sind beispielsweise die Europäische Konvention zum Schutz von auf Farmen gehaltenen Tieren, die artgerechte Tierhaltung vorschreibt. Die als OA-gekennzeichneten Kürschner sitzen in Finnland, Frankreich, Deutschland, Griechenland, Hongkong, Italien, Japan, Norwegen, Spanien, der Schweiz, den Niederlanden, Großbritannien und den USA. China sowie Dänemark erfüllen die Kriterien nicht. Informationen hierzu findet man auf der Website www.originassured. com. Das Zeichen unterscheidet auch zwischen Fell aus Zuchtbetrieben oder von in freier Wildbahn gefangenen Tieren. Wer auf Pelz nicht verzichten mag und dennoch nicht «sündigen» will, sollte sich dabei lieber für Letzteres entscheiden. Zumal man sich die Frage stellen muss, wie streng der Begriff «artgerechte Tierhaltung» gefasst ist.

Tierschützer kritisieren, dass die Einführung von «ökologisch korrektem Pelz» eher eine Art Feigenblättchen zur Gewissensberuhigung ist. Fell würde dadurch sozusagen eher «salonfähig» gemacht. Doch dabei übersehen sie, dass Pelz eigentlich noch nie ein wirkliches Tabu war. Zudem hält ein gut gemachter Pelzmantel in der Regel viele Jahre und stellt damit ein besonders «nachhaltiges» Kleidungsstück dar.

60. Warum mögen Männer High Heels bei Frauen meistens lieber als flache Schuhe? Jede Frau, die schon einmal einen stundenlangen Stehempfang auf 12 cm hohen Stilettos im wahrsten Sinne des Wortes «durchgestanden» hat, weiß, dass dies kein Zuckerschlecken ist. Egal wie raffiniert diese designt sind, wie teuer sie waren, wie kundig der Schuhmacher – High Heels sind weder praktisch noch bequem. Das würde im Übrigen auch kein auf hohe Schuhe spezialisierter Designer als Kompliment ansehen. High Heels sehen dafür toll aus, zumindest meinen wir das, und auf jeden Fall wecken hohe

High Heel von Manolo Blahnik

Absätze die Aufmerksamkeit der allermeisten Männer. Auf Französisch werden Stilettos sogar «Venez-y-voir», was so viel wie «Schaut mal her» heißt, genannt. «Viele Männer zeigen mehr oder weniger Pawlowsche Reflexe, wenn sie eine Frau auf hohen Absätzen erblicken», schreibt die Mode- und Kulturhistorikerin Valerie Steele in ihrem Buch «Fetisch».[17]

Warum das so ist, dafür führt Steele einige unterschiedliche Theorien an. So könnte die Anziehungskraft hoher Absätze auf Männer etwas mit dem Wunsch nach erotischer Dominanz der Frau zu tun haben – der Schuh hebt demnach die Frau in die Höhe und erscheint gleichzeitig wie eine mysteriöse Waffe. Oder er schnürt ähnlich wie das Korsett ein Körperteil gleichsam ein, hier wären dann Fesselungsphantasien ein Grund für die Verführungsgewalt der Stilettos.

Doch kommt der banalste Grund der Wahrheit über die männliche Faszination von weiblichen High Heels am nächsten: Hohe Absätze unterstreichen die Geschlechtsmerkmale von Frauen. Sie verlängern die Beine und betonen damit deren «Mündung», die Scham. Sie verlagern den Körper nach vorn, sodass sich das Gesäß hebt. Gleichzeitig rundet sich die Wirbelsäule zu einem leichten Hohlkreuz, wodurch sich der Busen aufrichtet. Beim Stehen scheinen High-Heel-Trägerinnen zu rufen: «Schaut mal her, ich bin eine Frau.» Beim Gehen wiegen sie sich durch die veränderte Körperhaltung verführerisch in den Hüften. High Heels machen Frauen sexy und wirken daher auf Männer anziehender als flache Schuhe. Leider.

61. Was sind die fünf größten Modesünden bei Herrenkleidung?
1. Ungepflegte nackte Füße in Sandalen zu Shorts.
2. ... oder, noch schlimmer: Socken in Sandalen zu Shorts.
3. Kurzarmhemd zum Sommeranzug. Mit Krawatte.
4. Bunt gemusterte Unterwäsche – mit Spaßmotiven.
5. Weiße Sportsocken zum Anzug.

62. Was sind die fünf größten Modesünden bei Damenkleidung?
1. Ungepflegte nackte Füße, egal wozu.
2. Transparente geschlossene Nylonstrümpfe zu Sandalen oder Peeptoes.

3. Halbtransparente Nylonstrümpfe in Grau oder Blau.
4. Unrasierte Achseln zu ärmellosem Top.
5. Stretchminikleid bei Speckrollen.

63. Warum tragen so viele Leute in sogenannten Kreativbranchen schwarz?

Modeleute, Werber und Architekten sind «berüchtigt» dafür, gerne Schwarz zu tragen. Und das, obwohl man meinen könnte, dass gerade Menschen, die mit Kreativität umgehen, auch in ihrer Kleiderwahl besonders kreativ und originell sein sollten. Fragt man sie selbst, antworten sie in der Regel, dass sie eine neutrale, zurückgenommene Basis brauchen, um mit den vielen Ideen, Eindrücken, Farben usw., die auf sie einstürmen, umzugehen. Schwarz macht sie gleichsam «Trend-resistent», objektiviert ihre Sicht. Doch möglicherweise sind ihre Motive gar nicht so komplex. Schwarz ist schlicht bei ihnen irgendwann als coolste aller Farben in Mode gekommen, und auch sie folgen dieser blind.

64. Wirkt «Ton in Ton» spießig?

Nicht unbedingt. Man muss sich nur die Runway- und Kampagnenbilder des Modelabels Chloé für die Saison Herbst/Winter 2010/11 anschauen, um festzustellen, dass «Ton in Ton» unglaublich chic daherkommen kann. Designerin Hannah MacGibbon hat dabei mit großer Subtilität Camel- und Cremetöne in Szene gesetzt mit Looks, bei denen Mantel, Hose, Tasche und Schuhe oder Kleid und Schuhe den gleichen Farbton tragen.

Natürlich zeugt dies von ihrem Händchen für ein perfektes Styling. Aber MacGibbon ist halt auch eine angesagte Designerin. Im «wahren Leben» ist es schwieriger, mit einem «Ton in Ton»-Auftritt – einer Farbe für verschiedene Kleidungsstücke – zeitgemäß auszusehen. Zu sehr erinnert dies an früher, wo die Konvention zumindest bei Handtasche und Schuhen denselben Farbton diktierte, und allzu erleichtert ist man nach wie vor über die Befreiung von dieser strengen Regel, als dass man sich ihr ohne Not wieder annähern würde. Aus dem gleichen Grund hat man heute auch so große Schwierigkeiten mit einem klassischen Damenkostüm oder sogar dem Hosenanzug – die uns ebenfalls früher allzu strikt in den Kleiderkodex eingeschrieben waren.

Einzelteiligkeit anstelle eines Komplettlooks gehört zum heu-

Ton in Ton, superchic: Modell von Chloé

tigen Verständnis modischer Kleidung genau wie ein Mix von Farben oder Stilen. In eine als äußerst heterogen und vielfältig wahrgenommene Welt scheint zu große Einheitlichkeit nicht mehr zu passen. Doch wenn alle denkbaren Mischungen erlaubt sind, warum dann nicht auch «Ton in Ton» als mögliche Variante? Als modisches Spiel kann es in der Tat toll aussehen, doch sollten die Zutaten eine klare moderne Form ausdrücken. Als Basiselement der gesamten Garderobe wirkt es jedoch bieder, langweilig und – fast noch schlimmer – einfallslos.

65. Wer sagt eigentlich, dass Querstreifen dick machen? Ja, wer sagt das eigentlich? Schon 1867 stellte der deutsche Physiologe Hermann von Helmholtz nach einem Versuch mit gestreiften Flächen fest, dass Frauenkleider mit Querstreifen die Figur eher in die Länge zögen. Dennoch gilt bis heute die eherne Regel, dass Kleidung mit horizontalem Streifenmuster Menschen breiter erscheinen lasse. Dicke sollten demnach lieber vertikale Streifen wählen, da diese den Körper streckten.

Dies kann man nun getrost ad acta legen. Eine von dem englischen Psychologen und Experten für Wahrnehmungsfragen Peter Thompson an der University of York durchgeführte Studie belegte 2008 das Gegenteil. In dem Versuch wurde 20 Freiwilligen eine Serie von Bildern vorgelegt, die Frauen unterschiedlicher Größe und Figur in Kleidung mit Quer- und mit Längsstreifen zeigte. Ergebnis: Durchgehend wirkten Frauen in Querstreifenmustern dünner als in Längsstreifenmustern. Vertikale Streifen, fand Thompson heraus, ließen Frauen sogar um sechs Prozent dicker erscheinen als Querstreifen. Querstreifen machen also sogar schlanker. Eine Erklärung könnte sein, dass sie eine Vorstellung von Tiefe erzeugen, welche die von Weite dann reduziert. Helmholtz hatte also recht. Was für ein Jammer, dass ganze Müttergenerationen seinen Ratschlag ignoriert und ihren Töchtern das Gegenteil beigebracht haben.

Wer den Streit um die Streifen als allzu verwirrend empfindet und dennoch die Illusion eines schmaleren Körpers erzeugen möchte, der muss Thompson zufolge überwiegend Schwarz tragen. Das verkleinert mit Sicherheit. Und darauf vielleicht ein paar wenige horizontale Streifen.

Vielleicht sollten sie die Outfits tauschen: Laurel und Hardy auf Hoher See

66. Gibt es noch «modische Altersbeschränkungen»? Es gab
Zeiten, da hüllten ältere Damen ihren ganzen Körper in Schwarz,
und Greise hätten sich beim Gedanken, Jeans zu tragen, regelrecht
gegruselt. Heute ist das anders. Die über 60-jährige Anna Wintour
zeigt auch heute noch ihre perfekten Beine gerne im Minirock
(s. Frage 67). Sharon Stone präsentierte sich auf dem Titel von
Paris Match im vergangenen Jahr – nur mit einem ledernen Taillen-
gürtel und Slip gekleidet – stolz «oben ohne», und das mit 50. Und
die fast 70-jährige deutsche Schauspielerin Hannelore Elsner
sieht auch im hochgeschlitzten Abendkleid immer noch gut aus.
80-jährige tragen Jeans, 70-jährige Frauen offenbaren im Sommer-
top Arme und Schultern, während früher die Regel galt, dass man
ab 40 seine Oberarme verhüllen solle.

Natürlich hat das offenkundige Fallen vieler Altersbeschränkungen damit zu tun, dass ältere Leute sich heute oft fit halten und
statt immenser Fettpolster straffe Muskeln besitzen. Viele Schau-

spielerinnen, die auch mit über 50 noch als Sex-Symbole gelten, helfen zudem mit Unterspritzungen und Schönheits-OPs nach. Und so können sie sich einiges leisten, was bei 60-Jährigen einst deplatziert gewirkt hätte. Schließlich hatten früher modische Altersbeschränkungen in der Regel etwas damit zu tun, dass der Körper als nicht mehr vorzeigbar galt. Es ging darum, allzu sichtbare Zeichen des Verfalls zu verstecken. Letztlich gilt das auch heute noch. Kaum jemand empfindet es als schön, wenn eine alte Frau im Minirock ihre welken Beine zeigt, womöglich mit Krampfadern, Besenreisern und Cellulite bis zum Knie. Und auch betagte Männer wirken eher abstoßend, wenn sie ihr Hemd fast bis zum Bauchnabel öffnen und eine schlaffe Brust mit grauen Krauslocken hervorquillt.

Fazit: Wer noch vorzeigbare Arme und Beine hat, kann sie auch in hohem Alter noch zeigen. Allerdings in Maßen – im Zweifel sollte auch eine Old Lady mit tollen Beinen lieber blickdichte Strümpfe zum kurzen Rock tragen. Und: Bauch- oder brustfrei (also allzu tiefe Dekolletés bei Männern oder Frauen) sehen eigentlich nur gut aus, wenn man jung ist. Ansonsten wirkt es albern und anbiedernd.

Das gilt auch für Kleidung, die Jugendliche zu ihrem Kult-Look erkoren haben. Jeans sind davon nicht betroffen, da sie mittlerweile eine Art Allrounder quer durch alle Altersgruppen geworden sind. Doch auf dem Po hängende Baggy-Pants, Piercings, zerlöcherte Shirts oder Graffiti-Tops sehen bei Senioren lächerlich aus. Gerade junge Leute hassen es, wenn jene nicht zu ihrem Alter stehen. Abgesehen davon macht so ein Look zudem noch älter. Wer daran zweifelt, sollte noch einmal die Beschreibung des geschminkten, auf jugendlich getrimmten Greises auf dem Schiff in Thomas Manns «Tod in Venedig» lesen. Treffender wurde selten die groteske Wirkung des Überschreitens von Altersbeschränkungen beschrieben. Und das hat auch heute noch Gültigkeit.

67. Gilt bei offiziellen Anlässen für Frauen immer noch die Regel, dass zum kurzen Kleid oder Rock zwangsläufig hässliche Nylonstrümpfe gehören? Seit viele Hollywood-Stars bei Boutique-Eröffnungen, Cocktailpartys, Galafeiern, ja, sogar der Oscar-Nacht konsequent auf Nylon-Strümpfe verzichten und ihre nackten Beine zeigen, bricht die alte Regel, dass diese zu offiziellen Anlässen dazugehören, auf. Anna Wintour, allmächtige Chefin der US-*Vogue*, würde die Paarung von kurzem Rock und fleischfarbenen Nylonstrümpfen wahrscheinlich sogar als geschmacklos empfinden. Sie trägt in den allermeisten Fällen keine Strümpfe. Doch verfügt sie auch trotz ihres fortgeschrittenen Alters über Top-Beine.

Allerdings muss man zwischen festlichen und offiziellen Anlässen unterscheiden. Bei Bällen, Partys, rauschenden Festen und großen Abendgesellschaften wirken nackte Beine meistens besser. Zumal hier häufig offene Abendsandalen getragen werden, in denen man die Zehen sieht. Und die sehen mit Strumpfspitze bekleidet schrecklich aus. Dass die offen gelegten Beine supergepflegt, perfekt rasiert und möglichst leicht gebräunt sein sollten (im Zweifel Tönungscreme oder mit Creme verdünnte Foundation verwenden, dann verschwinden auch kleine Unregelmäßigkeiten), versteht sich dabei von selbst.

Bei Staatsempfängen, offiziellen Festakten, Vergabe von Ehrungen, kirchlichen Zeremonien oder förmlichen Einladungen in konservativen Kreisen sollte man nach wie vor lieber durchsichtige Feinstrumpfhosen tragen. Zum Glück gibt es heute relativ haltbare und dennoch hauchdünne Qualitäten, die die Beine fast wie nackt erscheinen lassen. Strumpfhosen von 5 bis 15 den sind praktisch nicht sichtbar (den ist eine Abkürzung für «Denier» und gibt das Gewicht des Garns pro 9000 Meter in Gramm an). Sind schwarze Strümpfe gefragt, können sowohl hauchdünne wie auch dickere Strumpfhosen gut aussehen. Bei allen anderen Farben wie Flaschengrün, Blau, Grau, Rot oder Lila sollte man lieber dicker und blickdicht wählen (also letztlich eine verfeinerte Baumwolloptik) – dünne farbige Feinstrumpfhosen können einen ganzen Look komplett zerstören.

Das Drumherum

68. Accessoires: wichtig oder unwichtig? Gute Accessoires sind nicht nur wichtig, sondern manchmal sogar entscheidend. Schlechte Accessoires können hingegen das schönste Kleid wertlos machen. Man braucht dabei gar nicht so eingängige Beispiele wie Birkenstocksandalen und Socken zum knallengen Stretchkleid mit Minirock oder «Mephisto»-Bequemschuhe zum grauen Anzug heranzuziehen. Schon ein schlecht gewählter Gürtel, ein seltsamer Haarschmuck oder eine zu auffallende, farblich unpassende Kette stürzen den schicksten Designerentwurf manchmal in Abgründe. Ein Hermès-Tuch im Haar oder um den Hals, ein breiter cognacfarbener Ledergürtel mit großer Schnalle, elegante High Heels oder erlesener Schmuck können unspektakuläre Billigentwürfe ungemein aufwerten. Bei Männern erzielt eine edle Uhr oder luxuriöses Schuhwerk zu schlichten Basics einen ähnlichen Effekt. Allerdings gilt auch hier: Weniger ist mehr. Zu viele Nobel-Accessoires gleichzeitig oder reine «Logo»-Teile, die nur dazu da sind, auf eine Luxusmarke hinzuweisen, erzeugen wieder den gegenteiligen Effekt und machen den ganzen Auftritt kaputt. Unwichtig werden Accessoires allerdings in einem Fall: Wenn man ganz und gar auf sie verzichtet und barfuß und schmucklos läuft. Das kann hinreißend aussehen, vorausgesetzt, das Outfit stimmt. Generell gilt also: Je beeindruckender das Kleidungsstück wirkt, desto zurückgenommener sollten die Accessoires sein. Und umgekehrt.

69. Gibt es bei Damenfrisuren auch Klassiker? Bei den Damenfrisuren gibt es sogar eine Reihe von Klassikern. Die wohl wichtigsten unter ihnen sind:

• der Pixie: Hier wird das ganze Haar so kurz geschnitten, dass das Gesicht vollständig freiliegt. Es gibt auch etwas längere Varianten wie den «Punk»-Pixie oder den durchgestuften Kurzhaarschnitt, den etwa Liza Minelli berühmt gemacht hat. Die schickste Variante jedoch bleibt der sehr kurze Pixie, den früher Jean Seberg, Mia Farrow, Audrey Hepburn und in jüngster Zeit Natalie Portman, Victoria Beckham oder Carey Mulligan tragen bzw. trugen.

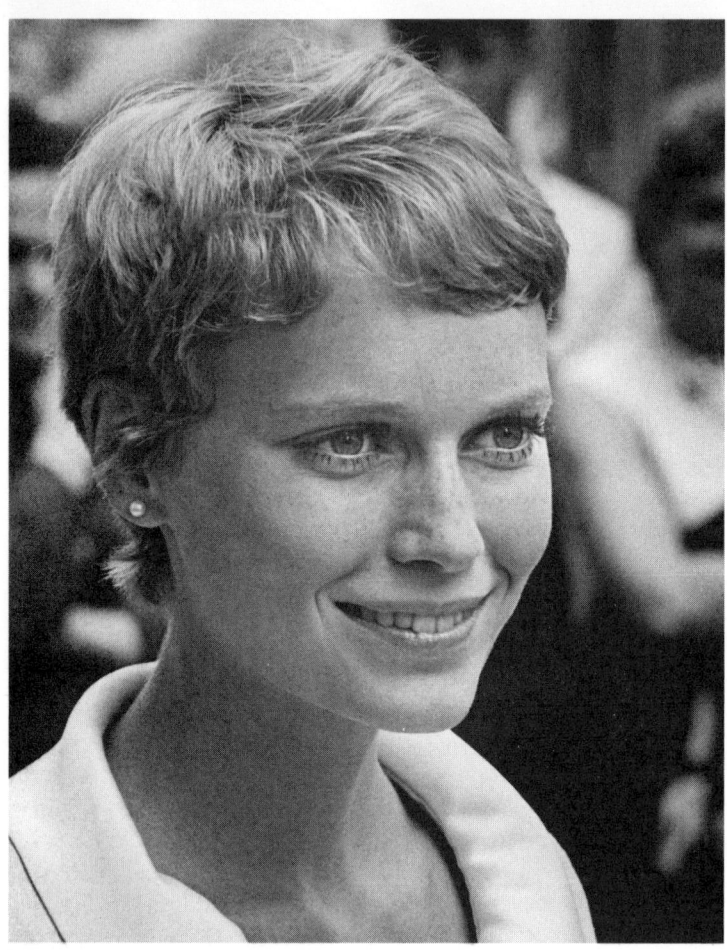

Mia Farrow mit Pixie-Schnitt

- **der Bob:** Für den Bob, eine moderne Variante des Pagenkopfes, wird das ganze Haar etwa kinnlang geschnitten. Es gibt leicht angeschrägte Versionen, gestufte Varianten und auch einen Bob, der asymmetrisch verläuft und auf einer Seite länger ist. Ein Vorläufer des Bob ist der Bubikopf der 20er-Jahre (mit Pony), wie ihn Louise Brooks oder Coco Chanel berühmt gemacht haben. Anna Wintour, Audrey Tautou («Die fabelhafte Welt der Amélie»), Rihanna und wieder Victoria Beckham zeigten oder zeigen heutige Versionen.

- der Shag: Die Schauspielerin Meg Ryan hat ihn in der etwa kinnlangen Version in Mode gebracht. Der Shag ist ein kürzerer bis schulterlanger Stufenschnitt, bei dem die Haare zwar glatt fallen, aber doch leicht verwuschelt wirken. Mit dem Rasiermesser geschnitten wirkt er «schärfer», mit der Schere «weicher». Jennifer Aniston verursachte mit dem ab Kinn gestuften Langhaar-Shag, den sie in der Serie «Friends» trug, einen Run auf den Schnitt. Nach ihrer Filmfigur «Rachel» oder «The Rachel» benannt, schrieb diese Variante Frisurengeschichte.

- der Chignon: Für einen Chignon (hergeleitet aus dem altfranzösischen Wort «chaignon», das den «Nacken» bezeichnete) werden die langen Haare nach hinten gekämmt, eingeschlagen und als Knoten fixiert. Ballett-Tänzerinnen tragen oft Chignons, auch bei Models ist die Frisur sehr beliebt. Audrey Hepburn trug ihn in «Frühstück bei Tiffany».

70. Gibt es bei Herrenfrisuren Klassiker?
Klar. Hierzu zählen:

- die Glatze: Ob freiwillig oder unfreiwillig kahlköpfig – die Glatze ist wohl die männlichste aller Frisuren. Schließlich trifft der altersbedingte Haarausfall sehr viel häufiger Männer als Frauen. Die Schauspieler Yul Brynner und Peter Lorre, der Architekt Jean Nouvel und zeitweise auch Jürgen Vogel waren oder sind bekannte Glatzenträger. Rasierte Köpfe können sehr attraktiv wirken – auch bei Frauen, wie die Sängerin Sinéad O'Connor bewies.

- der Bürstenschnitt: Die «Bürste» ist der klassische Militärhaarschnitt, weil sie so simpel, kurz und pflegeleicht ist. Die Haare werden alle gleichermaßen kurz geschnitten, sodass sie nach oben stehen. Das Ganze wird auch Igelfrisur genannt und sieht eigentlich nur ganz kurz gut aus. Länger stacheln die Haare oft unvorteilhaft nach oben. Prominente Bürstenschnitt-Träger sind Günther Jauch (die kurze, modischere Variante), Kurt Beck (die längere, gewöhnungsbedürftige Variante) und Petra Pau (die immer wieder live demonstriert, dass die Bürste ein echter Herrenhaarschnitt ist).

- der Fassonschnitt: Eigentlich der Klassiker unter den Herrenhaarschnitten. Die Haare werden seitlich und im Nacken stufenlos kurz geschnitten, das Deckhaar bleibt länger. In den 50er- und 60er-Jahren trugen viele Filmstars wie Cary Grant oder Gregory Peck einen Fassonschnitt.

- der Pilzkopf: Die Beatles haben ihn in Mode gebracht, doch eigentlich gleicht er dem klassischen Topfschnitt. Der Pony ragt gleich lang ins Gesicht, und ansonsten sieht die Frisur tatsächlich so aus, als habe ihr Träger sich einen Topf aufgesetzt und alle überstehenden Haare drum herum abgeschnitten. Bei den Beatles wurde dann noch ein wenig an den Konturen gesäbelt. Die Fabulous Four bewiesen auch: Trotz seiner Einfachheit kann der Pilzkopf sehr stylish wirken. Für sein Revival sorgte kürzlich Ashton Kutcher als Pilzkopf mit extrem betonter Ponypartie.

71. Warum kostet ein Damenhaarschnitt immer mehr als ein Herrenhaarschnitt? Bei den meisten Coiffeuren, die sowohl Frauen als auch Männern die Haare stutzen, müssen Frauen deutlich mehr bezahlen. Und das, obwohl der Aufwand beim Schneiden vergleichbar ist. «Den Unterschied macht in der Regel das Fönen», hat mir die Hamburger Top-Friseurin Andrea Wolf erklärt. Da werde bei den Damen deutlich mehr Aufwand betrieben, sei es im Styling, sei es in den dazu notwendigen Produkten. In der Tat werden in vielen Salons Waschen, Schneiden und Fönen – statt wie früher getrennt – heute zusammen berechnet. Und damit würde dann ein Damenhaarschnitt inklusive des aufwendigeren Finishings tatsächlich automatisch teurer.

Beim Schneiden selbst jedoch, meint auch Andrea Wolf, gebe es kaum Unterschiede. Zumindest bei kurzen Haaren. Und so liegt hier der Preisunterschied wahrscheinlich nur in dem Umstand begründet, dass für Frauen ihre Haartracht in der Regel ein deutlich höheres Gut darstellt als für Männer. Und sie daher auch bereit sind, einen deutlich höheren Preis zu bezahlen als Männer. Dass dies so ist, hat zum einen kulturhistorische Gründe. Während die Herren früher bei schlichten Barbieren einzukehren pflegten, um sich Bart und Haar stutzen zu lassen, trat bei den Damen ab dem 17. Jahrhundert der «Coiffeur» auf den Plan. Statt die Haare wie zuvor unter einer Haube oder einem Schleier zu verdecken, ließen sich die reichen und schicken Pariserinnen unter Louis XIV. von einem nur unter dem Namen «Monsieur Champagne» bekannt gewordenen Friseur die Haare stylen. Champagne wurde zum ersten Star-Coiffeur der Welt. Die Damen der Gesellschaft flehten ihn an, sie zu frisieren. Und waren offenkundig bereit, jeden Preis dafür zu bezahlen.[18] Weibliche Frisuren taugen seitdem sowohl als Schönheits- wie auch als Statussymbol.

Zum anderen gilt bei Frauen das Haar als starkes Sexualsymbol. Bei Männern ist dies – trotz der Samson-Legende, die dessen Schopf mit seiner (Mannes-)Kraft verknüpft – deutlich weniger der Fall. Schon bei Dante oder Petrarca spielen die blonden Locken der von ihnen angebeteten Frauen eine enorme Rolle bezüglich deren Anziehungskraft. Die gefeierten Schönheiten von heute – von Julia Roberts bis Angelina Jolie – haben fast alle eine perfekt aussehende Mähne. Schöne Haare erhöhen die Begehrlichkeit und sind daher auch bei Frauen äußerst gefragt. Ihre Frisur ist kostbarer und marktwirtschaftlicher Logik folgend dann auch gleich kostspieliger als die der Männer.

72. Warum trägt man heute so selten Dauerwellen? Wie viele Filme haben früher Gags an den Ingredienzen Lockenwickler und Trockenhaube gezündet! Heute scheinen diese selbst in den hinterwäldlerischsten Friseursalons eine Rarität zu sein. Denn kaum eine Frau unterzieht sich noch der langwierigen und das Haar strukturell massiv verändernden Prozedur einer Dauerwelle. So verschwindet diese Methode allmählich, die der Deutsche Karl

Nessler zu Beginn des 20. Jahrhunderts entwickelt hat. Die ersten beiden Silben des Wortes «Dauerwelle» deuten eben nicht nur darauf hin, dass diese relativ lange im Haar verbleibt. Schon das Legen von Dauerwellen «dauert», selbst wenn die Haare hinterher oft nicht mehr unter der Haube getrocknet werden müssen. Und genau diese Zeit ist für moderne Frauen schwierig einzuplanen. Schließlich muss durch chemische Mittel das Haarkeratin aufgeweicht werden. Auch das Aufwickeln auf Wickler, die dem Haar die neue Form geben, ist eine mühselige Angelegenheit. Zudem wird das Haar ziemlich strapaziert. Neuere Schnitttechniken, wie sie der Friseur Vidal Sassoon in den 60er-Jahren entwickelte und die später immer weiter perfektioniert wurden, halten die Haare auch so in guter Form. Und: Es wirkt dabei beweglicher und weniger angestrengt als bei einer Dauerwelle. Auch das ist ein Argument, warum sie heute so aus der Mode gekommen ist. Dauerwellen eignet eine gewisse Starrheit, und das passt nicht mehr zu dem modernen Bild eines extrem flexiblen Menschen.

73. Wozu Krawatten? Das erleichterte Lösen der Krawatte nach einem anstrengenden Bürotag scheint bei Männern eine immer seltenere Geste zu werden. Nicht etwa, weil sie abends den Schlips inzwischen anbehalten, nein, es gibt schlichtweg immer weniger Männer, die Krawatten während ihrer Arbeit tragen müssen. Die sogenannte Casualisierung des Alltags schreitet voran. Allerdings herrscht bei Managern, Bankern oder Anwälten nach wie vor in der Regel Krawattenzwang. Nach der Einführung des Casual Friday, der Regel, nach der man freitags im freizeitgerechteren Outfit die Kanzlei, die Bank oder die Vorstandsetage betrat, sah es zwar zunächst so aus, als greife der lockere Dresscode auch auf die anderen Wochentage über. Doch schnell ruderte man wieder zurück und beließ es beim Freitag als «Jeanstag». Und so sieht man die «Grauen Herren» abends im Flugzeug nach ihrer Jagd von Termin zu Termin vorne in der Business-Class immer noch unisono die Krawatten lockern.

Aber warum schafft man die Schlipse nicht gänzlich ab, wo die einen sie gar nicht mehr tragen müssen und die anderen offenkundig heilfroh sind, sie wieder abzulegen? Weil es ein Jammer wäre! Krawatten bieten vielen Männern die einzige Chance, Farbe und

Muster zu bekennen. Aus dem Grau, Schwarz oder Dunkelblau der Anzüge stechen sie angenehm hervor. Richtig kombiniert können Krawatten unendlich elegant wirken und einem Outfit den entscheidenden Pfiff verleihen. «La cravate, c'est l'homme», schrieb der Romancier Honoré de Balzac im 19. Jahrhundert – die Krawatte macht demnach den Mann von Welt aus. Balzac war ein Liebhaber von modischem Chic, die Krawatte galt ihm als Inbegriff desselben. Kein Wunder, hatte doch der Ur-Dandy Beau Brummell sie in London um 1800 eingeführt. Männer mit Raffinesse zeigen seither gern Krawatte.

Dass sie dennoch als Inbegriff von Disziplin im harten Alltag gilt, hat ebenfalls jahrhundertealte Wurzeln. Vielleicht sogar jahrtausendealte: Schließlich tragen schon die Krieger der berühmten Terrakotta-Armee (die Figuren dienten im dritten Jahrhundert vor Christus als Grabbeigabe für den chinesischen Kaiser Quin Shi Huang Di) gebundene Halstücher. Der neuzeitliche Ursprung der Krawatte wird gängigerweise auf Mitte des 17. Jahrhunderts datiert: Da soll das Kroatische Reiterregiment am Hof von Louis XIV. ein Stück Stoff um den Hals getragen haben, das in Form einer Rosette oder Schleife zusammengebunden war und dessen Enden bis zur Brust reichten. Der König übernahm diese «cravate» (nach dem Wort «croate») und sorgte dafür, dass sich die neue Mode in Europa verbreitete. Allerdings trugen vorher schon andere Regimenter Vorformen von Krawatten, auch wenn sie offiziell nicht zur Militäruniform gehörten.

In jedem Fall sind Krawatten mit Armeen verbunden und stehen daher traditionell für Disziplin und Zusammengehörigkeitsgefühl, markieren den Unterschied zwischen dem Privaten und dem Offiziellen. Genau diese Funktion haben sie heute in einigen traditionellen Berufen immer noch. Und vielleicht ist dies im Arbeitsalltag manchmal sogar hilfreich, signalisiert doch die Krawatte, dass man selbst, wie auch die anderen Beteiligten, einem unausgesprochenen Kodex verpflichtet ist. Bei harten Vertragsverhandlungen mag dies manchmal durchaus hilfreich sein. Bei feierlichen Anlässen, zu denen auch die Männer, die im Job ohne Schlips auskommen, denselben anlegen, schlägt die Disziplinierung durch die Halsbinde dann in den Ausdruck von Respekt um. Respekt vor gewissen Formen, die dem Gastgeber, dem Jubilar oder auch dem Trauernden zuliebe gewahrt werden sollen. Gerade in letzterem Fall, bei einer Beerdigung, transportieren (in diesem Fall dunkle) Krawatten etwas sehr Würdevolles und Ehrerweisendes.

Die Zäsur, die die Halsbinde zwischen dem Privaten und dem Öffentlichen setzt, mag so mancher Mann nicht missen. Kaum jemand verhält sich in seinem Arbeitsumfeld genauso wie zu Hause. Der Job-Alltag ist mit oder ohne Krawatte durch einen Benimm-Code geprägt. Da kann es herrlich sein, sich nach getaner Arbeit mit dem Lösen des Schlipses (und heimlich auch der Schuhe) selbst zu signalisieren: «Ich habe frei.» Und im Flugzeug ein Bier zu trinken, während die Krawatte ihrerseits Pause macht.

74. Kann ich bei der Krawattenwahl Fehler machen? Und wie! Auch wenn die Krawattenwahl für Männer die Freiheit bedeutet, endlich mal in den Farbtopf zu greifen oder mit Mustern zu spielen, gibt es hier echte modische No-Gos. Sogenannte Spaßkrawatten gehören zu den größten modischen Sünden (fast so schlimm wie «Spaß»-Unterwäsche, vgl. Frage 62). Mickeymäuse oder Ottifanten auf Schlipsen wirken entsetzlich albern und keinesfalls witzig. Hemd und Krawatte in der gleichen Farbe galten lange als tabu, können jedoch sehr stylish wirken, wenn sie richtig kombiniert werden. Wer allerdings nicht über ein untrügliches Stilgefühl verfügt, sollte die Finger davon lassen. Ebenso braucht es großes Gespür, um eine gemusterte Krawatte zu einem gemusterten Hemd zu tragen (Ausnahme: die diagonal gestreifte Krawatte zum vertikal gestreiften Hemd, die ist fast idiotensicher). Auf der sicheren Seite ist hier, wer den Musterschlips mit dem einfarbigen Hemd verbindet und umgekehrt. Je dezenter das Restoutfit, desto lauter darf die Krawatte daherkommen. Bei relativ auffälliger Kleidung sollte sich die Krawatte hingegen zurückhalten. Ganz schwarze Krawatten jedoch wirken eigentlich nur bei Beerdigungen gut, ansonsten sollte man lieber für zurückgenommen wirkende Halsbinder ein dunkles Blau, Braun oder Grau wählen. Zu abendlichen Anlässen ist man, sofern man nicht Smoking und Fliege trägt, mit einer unifarbenen Krawatte gut beraten. Und beim Material gilt reine Seide als Nonplusultra, zu sportlicherer Kleidung wirkt Wolle oder ein

Wolle-Seide-Gemisch gut. Ein No-Go sind Strick- sowie Leder-krawatten.

Ansonsten gelten die Tabus, die der Modekritiker Alfons Kaiser einmal in einer *FAZ*-Kolumne über die Krawatte nannte. Also bloß nicht: eine schwarze Krawatte zum Hochzeitsanzug tragen, eine Krawatte zum Polohemd kombinieren, einen Selbstbinder mit Gummizug anlegen oder gar das Ende der Krawatte im Hosenbund fixieren.[19]

75. Wer sind die wichtigsten Schuhdesigner? Wie bei einigen Fragen nach dem «Wichtigsten» oder «Bedeutendsten» lässt sich natürlich auch hierüber streiten. Zumal Schuhe für Frauen ja häu-fig ein emotionsgeladenes Thema darstellen (s. Frage 78). Doch mit Sicherheit müssten auf der Liste der derzeit wichtigsten Schuh-Designer die Namen Manolo Blahnik, Bruno Frisoni (Designer des französischen Hauses Roger Vivier), Pierre Hardy, Christian Lou-boutin, Tamara Mellon sowie Stuart Weitzman stehen. Blahnik, dessen Schuhe durch die ihren «Manolos» verfallenen Protagonis-tinnen der Serie «Sex And The City» weltberühmt wurden, und Louboutin, der sich eine lackrote Sohle zum Markenzeichen er-koren hat, gelten als ungeschlagene Meister der High Heels. Pierre Hardys Kreationen erscheinen zart und besonders kunstvoll, er ent-wirft u. a. die Schuhe für das französische Luxushaus Hermès. Die Traditionsmarke Roger Vivier, für die Bruno Frisoni tätig ist, steht für Noblesse und wird insbesondere mit klassischen Ballerinas mit Schnalle verbunden, während viele Frauen mit den Schuhen von Jimmy-Choo-Macherin Tamara Mellon Sexyness und Modernität verbinden. Stuart Weitzmann hat ein Händchen für kostbare abendliche Entwürfe, die oft bei Oscar-Verleihungen zu sehen sind.

76. Ist auch das Make-up der Mode unterworfen? Allerdings. Schon in der Barockzeit gab es einen allgemein üblichen Stil, sich zu schminken. Weiß gepuderte Gesichter und rot geschminkte Münder waren «in», was heute ziemlich lächerlich wirken würde. Bis ins 19. Jahrhunderts schmierten sich Fashion Victims bleihal-tige Paste ins Gesicht, um makellose Blässe zu demonstrieren. Dass sie damit tatsächlich dem Tod etwas näher kamen, ahnten sie wahr-

Schuhdesigner Christian Louboutin beim Signieren eines Modells

scheinlich nicht. Diese Art von Schminke war giftig. Mit den 1960er-Jahren verbindet man den kohlschwarzen Lidstrich der Frauen, während die fitnessverliebten 1980er vor allem eine braun getönte Haut und damit viel Foundation oder Tönungscreme erforderten. Heute ist meist ein dezenter Stil angesagt, der das Gesicht wie eine bessere Version seiner selbst erscheinen lassen soll. Doch auch hier gibt es Trends, etwa eine bräunlichere Lippenstiftfarbe in einer bestimmten Saison oder ein Knallrot, einen kaum sichtbaren «Nude-Look», ein Glimmer-Look der Haut oder besonders hervorgehobene Brauen. Bei Modenschauen sind sogenannte Make-up-Artisten für das Aussehen der Models verantwortlich – welchen Stil sie wählen, ist für die gesamte modische Aussage von Bedeutung. Beim Setzen von Make-up-Trends spielt zurzeit oft das Haus Chanel eine wichtige Rolle. Mit seiner Werbekampagne für die neuen Lippenstifte «Rouge Coco», bei der die Sängerin Vanessa Paradis den Farbton «Mademoiselle» trug, wurde dieser zum Megaseller. Die größte Durchschlagskraft haben zurzeit jedoch Nagellackfarben. Der Grünton «Jade» von Chanel war in vielen Geschäften in Windeseile ausverkauft, galt er doch als mindestens so hip wie jede «It-Bag».

77. Wie viele Handtaschen braucht eine Frau? Fünf. Wenn diese mit Bedacht ausgewählt werden, reicht das. Und der nervtötende Run auf die saisonal wechselnden It-Bags, die gerade angesagten Modelle, wird überflüssig. Farblich sollte man sich dann allerdings an neutrale Töne halten, sonst kann man die Taschen nur schwer zu vielen Outfits kombinieren (nur die Abend- und die Sporttasche dürfen dabei aus der Reihe tanzen). Notwendig sind:

• Eine relativ klassische elegante Tasche für die Stadt, fürs Büro, den Nachmittag im Café oder das Meeting nach der Arbeit. Gut geeignet sind klassische Henkeltaschen. Als Anschaffung fürs Leben mögen dabei eine Kelly- oder eine Birkin-Bag von Hermès gelten, ein schlichtes Modell von Tod's, ein sportliches von Mulberry oder ein modisches von Jil Sander oder Balenciaga. Bei Akris findet man so leichte wie schöne und zugleich ungewöhnliche Modelle aus Rosshaar. Aber auch pur gehaltene Modelle unbekannterer Hersteller erfüllen ihren Zweck.

- Einen weichen Shopper für den Alltag, den Gang zum Einkaufen, das Abholen und Bringen der Kinder, den Flug in den Urlaub und alle Gelegenheiten, wo man eine leichte, aber haltbare Tasche mit viel «Stauraum» braucht. Der Rolls-Royce wäre hier ein Modell von Bottega Veneta, aber auch hippe, nicht so teure Designerlabels wie Vanessa Bruno bieten super aussehende Shopper. Bei Bree findet man schlichte Klassiker, ebenso wie bei Longchamp, wo die Modelle gleichzeitig als elegant-sportliche Henkeltasche dienen könnten. Ein Geheimtipp sind die nobel wirkenden Entwürfe des Lederwarenherstellers Felisi.

- Eine kleine Umhängetasche, damit man z. B. beim Reisen und Umsteigen am Flughafen oder Bahnhof, bei einem Empfang oder auch beim Shopping die Hände frei hat. Diese sollte ein besonders gut gestaltetes Innenleben haben, gerade bei kleineren Taschen ist die Aufteilung sehr wichtig. Die schönsten Modelle hier stammen von Chanel, Chloé und Céline.

- Eine kleine Abendtasche. Hier sind viele Varianten denkbar: als Clutch oder zum Umhängen, mit Steinen besetzt oder aus edel verarbeitetem Leder, mit Nieten oder aus Lack – wichtig ist, dass sie gut zum Abendkleid passt. Bottega Veneta hat wunderschöne Modelle, ebenso Judith Leiber, Akris und Christian Louboutin.

- Eine Sporttasche. Sie muss leicht sein und zugleich robust und wetterfest, groß genug für Sportzeug und – schuhe, evtl. auch die Yogamatte, und sie sollte ein Extrafach für die Trinkflasche und eine kleine Reißverschluss-Innentasche für Haus- und Autoschlüssel, Ausweis und Geld aufweisen. Kosmetika packt man am besten in einen kleinen Extra-Beutel hinein, um sich langes Herumkramen zu ersparen. Die Modelle, die Stella McCartney für Adidas entworfen hat, erfüllen in der Regel all diese Kriterien und sehen zudem noch unschlagbar chic aus.

Eventuell muss noch eine Laptoptasche hinzugefügt werden. Hier gibt es mittlerweile auch Modelle, die nicht mehr so nüchtern und büromäßig wirken wie noch vor ein paar Jahren. Longchamp führt beispielsweise schöne Lapttoptaschen.

78. Und wie viele Paar Schuhe?
∞.

79. Warum können Männer gute Schuhe zehn Jahre oder länger tragen und Frauen nicht?
Wohl beinahe jede Frau kennt das stolze Gesicht eines Mannes, wenn er sein Hosenbein lupft und auf seine blank geputzten Schuhe zeigt, die er schon «seit über zehn Jahren» trägt. In meinem Freundeskreis etwa gibt es einen höchst erfolgreichen Finanzinvestor, der sich wahrscheinlich jeden Tag ein neues Paar rahmengenähter Schuhe zulegen könnte, aber äußerst zufrieden mit 20 Jahre alten Budapestern durch die Gegend läuft. Ein anderer, der sogar einen Prinzentitel trägt, hatte kürzlich Schuhe an, die er auf der Straße gefunden hat und die passten, sicher 10 Jahre alt, aber auf Hochglanz gewienert. Auch er trug dieses stolze Gesicht ob der unfassbaren Haltbarkeit und Nachhaltigkeit seiner Fußbekleidung zur Schau.

Frauen würden so etwas nie machen. Keine käme ernsthaft auf den Gedanken, mit dem Alter ihrer Schuhe zu prunken. Warum eigentlich nicht? Ein Grund liegt mit Sicherheit darin, dass gute rahmengenähte Herrenschuhe einfach länger halten als die filigranen Gebilde, die Frauen gerne anziehen. Erstere sind mit großer Handwerkskunst gefertigt und auf Haltbarkeit angelegt. Ihr Leder ist in der Regel sehr hochwertig. Eine unsichtbare Einstechnaht verbindet bei ihnen den Schaft mit der Innensohle und dem Rahmen. Die Laufsohle wird mit einer weiteren Naht ebenfalls an den Rahmen genäht. Egal, wie sehr diese Schuhe im Alltag belastet werden, sie sind allein durch die Nähart nur schwer kaputt zu kriegen. Frauenschuhe dagegen schon eher – die Absätze brechen ab, und die dünne Sohle ist schnell durchgelaufen. Dafür sehen sie viel besser und feiner aus. Auch für gute Damenschuhe sind Geschick und Handwerkskunst nötig, doch in der Regel folgt – anders als bei den Männern – die Funktion der Form. Alles ist auf das gute Aussehen des Schuhs am Fuß angelegt.

Natürlich gibt es auch haltbare Schuhe für Frauen. Einige tradi-

Die Handgelenktasche von Freitag, die an Derrick erinnern sollte, war eher ein Gag. Eigentlich macht die Firma coole Kuriertaschen

tionell auf Herren spezialisierte Schuhmacher bieten mittlerweile diverse rahmengenähte Modelle für Frauen an. Die Frage ist bloß, ob sich die Anschaffung wirklich lohnt. Denn welche Frau möchte schon Schuhe tragen, die sie vor zehn oder zwanzig Jahren gekauft hat? Oder gar auf der Straße gefunden?

80. Dürfen Männer Handtaschen tragen?   Nein. Allenfalls Kuriertaschen, die jedoch nicht wirklich als Handtaschen zählen. Wie man es auch dreht und wendet, aus feministischer, postfeministischer, chauvinistischer oder utilitaristischer Sicht dagegen argumentiert: Männer dürfen keine Handtaschen tragen. Sie sehen damit buchstäblich dämlich aus. Allenfalls dem bekennenden Handtaschenschlenkerer Truman Capote war dies gestattet. Doch der war ein solches Original, dass er getrost als die große Ausnahme der Modegeschichte gelten darf.

Hersteller und Handel

81. Wer steckt hinter H&M? Hinter der Modekette Hennes & Mauritz, kurz H&M oder bei einigen Fans auch zärtlich Hasi & Mausi und bei Globalisierungsgegnern «Heimlich & Mächtig» genannt, steckt die schwedische Familie Persson. Nach der Möbelhauskette Ikea, gegründet von Ingvar Kamprad, ist H&M die zweite große Erfolgsgeschichte eines schwedischen Familienunternehmens, dessen Konzept auf für jeden erschwinglichen, zeitgemäßen Designerstücken beruht. Anhänger würden dies als eine Art «Demokratisierung des Stils» bezeichnen, Kritiker vielleicht als «Billig- oder gar Wegwerfdesign».

Gegründet wurde H&M schon 1947 als Einzelgeschäft in Västerås nahe Stockholm von Erling Persson. Persson nannte seinen Laden «Hennes» («das ihrige» bzw. «für sie» auf Schwedisch) und spezialisierte sich zunächst auf Damenmode. 21 Jahre später kaufte er ein Geschäft für Jagdbedarf und Herrenbekleidung namens Mauritz Widfors und fügte «Hennes» Herren- sowie Kindermode und den Namen «& Mauritz» hinzu. Seit Mitte 2009 steht Perssons Enkel Karl-Johann als CEO an der Spitze des Unternehmens. Der ist zwar noch relativ jung (Jahrgang 1975), doch kann er mit dem Wirtschaftsstudium an der renommierten European Business School in London eine Top-Ausbildung vorweisen und verfügt zudem noch über einige Berufserfahrung.

Schon unter Karl-Johann Perssons Großvater wie auch unter seinem Vater Stefan wuchs H&M rasant. Heute gehört die Firma zu den größten Textileinzelhändlern der Welt. H&M betreibt weltweit rund 2000 Geschäfte und beschäftigt ca. 76 000 Mitarbeiter. Neben Bekleidung und Accessoires werden Kosmetika verkauft und neuerdings auch Heimtextilien. Gefertigt wird das sehr breite Warenangebot nicht in eigenen Produktionsstätten, sondern durch unabhängige Lieferanten, die von H&M-eigenen sogenannten Produktionsbüros beauftragt werden.

Der Umsatz für 2009 betrug nach Unternehmensangaben 118 697 Millionen Schwedische Kronen (ca. 12,5 Milliarden Euro). Parallel zum Ausbau des H&M-Filialnetzes haben die Schweden

Textilfabrik in China

zudem noch mit dem edleren, pur gestalteten Label Cos seit 2007 ein weiteres Mode- wie auch Ladenkonzept entwickelt.

Heute ist H&M börsennotiert. Doch ist die Familie Persson Hauptaktionär und kontrolliert das Unternehmen. Sie verfolgt dabei nach wie vor Erling Perssons «Grundrezept» von niedrigen Preisen, modischer Ausrichtung und einem sehr schnellen Warenumschlag. Seit 2004 arbeiten sie zudem in regelmäßigen Abständen mit berühmten Designern zusammen. 2004 entwarf Karl Lagerfeld für H&M eine 30-teilige Kollektion, um die es einen unglaublichen Hype gab. Inzwischen haben schon Stella McCartney, Viktor & Rolf, die Japanerin Rei Kawakubo (Comme des Garçons), Sonia Rykiel, Alber Elbaz (Lanvin) und andere mit dem schwedischen Giganten kooperiert. Einen buchstäblichen Run löste auch die limitierte Schuh- und Taschen-Kollektion vom Luxuslederlabel Jimmy Choo aus.

82. Wo werden die meisten Kleider hergestellt? In China. Seit dem Beginn der Marktöffnung Ende der 70er-Jahre und dem WTO-Beitritt 2001 hat sich Chinas Textilindustrie rasant entwickelt – die

Volksrepublik dominiert heute die Branche. Hierzu hat auch der Wegfall von Mengenbeschränkungen im internationalen Handel beigetragen. Die Lohnkosten in China sind relativ niedrig, zudem gilt die Industrie als zuverlässig, schnell und flexibel. Allerdings sind die Arbeitsbedingungen in der Regel nicht mit denen in Europa oder den USA vergleichbar, sondern meist deutlich schlechter. Inzwischen fordern viele Konsumenten zu Recht Mindeststandards bei den Produktionsbedingungen, sodass die Hersteller auch in China allmählich unter Druck geraten. Teile der chinesischen Industrie werden sich dem anpassen müssen, die Kosten erhöhen und möglicherweise dadurch weniger schnell weiterwachsen. Als zweitgrößter Produzent der Welt gilt Indien.

83. Warum wird kaum noch Mode in Deutschland gefertigt?
Das ist schlichtweg zu teuer. Lohn- und Lohnnebenkosten sind in Deutschland deutlich höher als in Ländern wie China oder Indien, und die modischen Endprodukte werden in der Regel zu einem so günstigen Preis verkauft, dass sich die Industrie eine Herstellung in Deutschland einfach nicht mehr leisten kann. Die meisten deutschen Modeproduzenten lassen entweder in Asien oder in Osteuropa fertigen. Eine Ausnahme bildet die schwäbische Firma Trigema, die Sport- und Freizeitbekleidung sowie Tag- und Nachtwäsche herstellt. Alle Produktionsstufen werden in Eigenregie gehandhabt, die Fertigung erfolgt nach hohen ökologischen Standards ausschließlich in eigenen Werken in Deutschland. Das ist so selten geworden, dass Firmenchef Wolfgang Grupp ziemlich offensiv mit seinem «Made in Germany» wirbt.

Ökonomisch sinnvoll wird die Fertigung in Deutschland eigentlich erst im High-End-Bereich, wo Luxusprodukte zu einem entsprechend hohen Preis verkauft werden und es für deren Herstellung auf bestimmte handwerkliche Fähigkeiten ankommt. Doch auch hier ist die Produktion oft längst verlagert worden: Selbst bei einem Unternehmen wie Rena Lange, einem der glanzvollsten und hochwertigsten deutschen Labels, entfallen kaum noch 3 Prozent der Herstellung auf das Heimatland.[20] Wo früher zugeschnitten und genäht wurde, wird heute konzipiert, entworfen und verwaltet. Häufig lassen Designerlabels ihre Muster-, Presse- oder Laufsteg-

kollektion in Deutschland fertigen – hier geht es um kleine Stückzahlen, deren hoher Produktionspreis zu «verschmerzen» ist. Dafür liegt das Atelier nahe am Standort, und eine schnelle Umsetzung bei Änderungen oder neuen Ideen ist möglich. Wolfgang
Joop hat für die erlesenen Entwürfe seines Labels «Wunderkind»
ein Atelier sozusagen im eigenen Haus – in der Potsdamer Villa
Rumpf, dem Firmensitz. Schneiderinnen fertigen hier die Muster-
kollektion. Die Endproduktion findet dann aber in Italien statt.
Kleinere Designer hingegen, die mit Privatkunden und Maßfer-
tigung arbeiten, unterhalten oft für die gesamte Kollektion eigene
Ateliers, wo noch genäht, gestrickt oder gestickt wird, oder arbeiten
mit solchen zusammen. Auch hier ist dies nur wegen der geringen
Stückzahlen, die in Auftrag gegeben werden, möglich. Und natürlich wegen des hohen Preises des Endprodukts.

Ein interessantes neues Projekt hat in diesem Zusammenhang die
Modedesignerin Sibilla Pavenstedt ins Leben gerufen. Sie arbeitet in
dem sozial problematischen Hamburger Stadtteil Veddel mit Frauen
mit Migrantenhintergrund zusammen. Diese stricken als Ergän-
zung zur eleganten Couture der Hamburgerin in Handarbeit filigrane Schals, Tücher, Pullover oder ganze Netzkleider. Die Teile sind
jeweils mit dem Namen der jeweiligen Strickerin gekennzeichnet
und tragen den stolzen Zusatz «Made auf Veddel». Die Arbeiterin-
nen können hier durch handwerkliche Traditionen ihres Heimat-
landes geprägtes Know-how einbringen, verrichten eine sinnvolle,
ordentlich bezahlte Arbeit und passen sich durch «Learning by
Doing» nach und nach in den deutschen Arbeitsrhythmus ein. Die
Integration fällt ihnen dadurch generell sehr viel leichter. Auch hier
ist das «Made in Germany» jedoch nur durch die Hochwertigkeit der
Produkte und den direkten Zusammenhang mit dem Namen und
der Arbeit einer renommierten Designerin finanzierbar.

84. Darf ich Kleidung «made in China» kaufen? Prinzipiell
schon. Kleidung aus China muss nicht zwangsläufig unter miesen
Bedingungen hergestellt sein – sprich zu Niedriglöhnen gefertigt,
mit giftigen Chemikalien durchtränkt – oder anderen «No-Go»-
Kriterien für einen Kauf entsprechen. Die Arbeitsbedingungen in
Bangladesch etwa gelten als deutlich schlechter als die in China. Als

der Textildiscounter KiK vor einiger Zeit in die Kritik geriet wegen angeblich menschenunwürdiger Arbeitsbedingungen bei seinen Lieferanten, waren hier eher die KiK-Zulieferer in Bangladesch gemeint als die in China. Da jedoch auch dort die Standards in den Fabriken häufig nicht denen in Europa entsprechen, sollte man bei Kleidung aus China vorsichtig sein. Und auf Gütesiegel wie in Frage 87 besprochen achten. Oder im Laden einfach mal nachfragen, ob die Ware unter korrekten Bedingungen gefertigt wurde. Selbst wenn der Verkäufer hierauf keine Antwort weiß, wird er trotzdem an die Hersteller weitergeben, dass den Kunden die Produktionsbedingungen keineswegs egal sind. Jenen muss aber auch eines klar sein: Ein fair produziertes Kleidungsstück kann nicht zu Dumping-Preisen erworben werden. Niedrige Herstellungskosten sind in der Regel der Grund für unwürdige Arbeitsbedingungen wie Niedrigstlöhne oder einen schlampigen Umgang mit der Gesundheit der Menschen oder der Umwelt.

85. Was ist ein «vertikaler Anbieter»?   Eine sogenannter vertikaler Anbieter bzw. ein vertikal ausgerichtetes Unternehmen zeichnet sich dadurch aus, dass ein großer Teil der textilen Wertschöpfungskette in einer Hand liegt. Zara, Mango oder Hennes & Mauritz sind beispielsweise Vertikale, die vom Design über die Produktion bis zum Verkauf in den eigenen Läden die Regie selbst führen. Das heißt aber nicht unbedingt, dass sie die Rohstoffe selbst produzieren. Hier arbeiten auch sie mit Zulieferern zusammen. Doch die klassische Teilung zwischen Industrie und Handel gilt bei ihnen nicht. Sie machen von «vorne bis hinten» oder «oben bis unten» alles selbst, daher der Name. Deswegen kann man die Mode von H&M oder Zara auch nirgendwo anders kaufen als bei H&M oder Zara.

86. Wer verdient am meisten an der Mode?   Wer von ihnen verdient am meisten an der Mode: der Designer oder der Inhaber eines Modelabels, der Vorstandsvorsitzende eines Industrieunternehmens, der Stoffproduzent oder der Händler? Oder verdienen gar alle gleich gut oder schlecht?

Generell ist das eigentlich gar nicht zu beantworten. Es gibt Inhaber von Modeketten wie die Familie Persson (H&M), die mit ihren

Textilien ein riesiges Vermögen angehäuft haben, es gibt Designer wie Karl Lagerfeld oder Marc Jacobs, die als Angestellte hervorragend bezahlt werden. Auch Vorstandsvorsitzende (und in diesem Fall auch Mehrheitsaktionäre) von Luxusgruppen wie LVMH oder PPR können mit Mode und anderen edlen Gütern schwerstreich werden. Bernard Arnault, Chef von LVMH, gilt als reichster Mann Frankreichs. Sein Konkurrent François Pinault, der die Geschicke der Firmengruppe PPR inzwischen in die Hände seines Sohnes François-Henri gelegt hat, steht ihm kaum nach. Es gibt Händler wie den Düsseldorfer Albert Eickhoff, die es dank ihres untrüglichen Gespürs für Stil und Kleidung zu einem beachtlichen Vermögen gebracht haben. Und dies alles durch die Mode. Natürlich gibt es auch zahllose Gegenbeispiele: schlecht bezahlte Designer, die sich für eine schlecht gemanagte Marke aufreiben, Händler, die wegen hoher Ladenmieten und schlechter Abverkäufe in die Insolvenz gehen, oder Manager, die viel leisten und dennoch miserabel bezahlt werden.

Generell bleibt sicher bei denen, die vom Garn bis zum Produkt alles selbst produzieren, mehr Geld im Unternehmen als bei Herstellern, die mit vielen Zulieferern arbeiten. Andererseits haben diese auch häufig höhere Kosten und eine höhere Komplexität. Auch für Firmen, die mit vielen Lizenznehmern arbeiten, kann dies sowohl ein hervorragendes als auch ein sehr schlechtes Geschäft sein, je nachdem, wie die vertraglichen Bedingungen sind. Vertikale Anbieter verdienen in der Regel wahrscheinlich mehr als die in traditionellen Strukturen arbeitende Industrie. Doch eine wirklich überprüfbare allgemeine Aussage ist auch hier nicht zu treffen. Nicht selten geben vertikale Einzelhändler ihre Kostenvorteile in Form von günstigeren Preisen weiter, was sie gegenüber der Konkurrenz wettbewerbsfähiger macht. Schaut man auf das einzelne Kleidungsstück, das man kauft, kann man davon ausgehen, dass über die Hälfte des Preises an den Händler geht, der Rest an den Hersteller. Vorausgesetzt, es gibt keine Zwischenhändler. Wie viel allerdings von diesen Beträgen dann dem Produzenten oder dem Verkäufer bleibt, hängt von deren jeweiligen Kosten ab. Die sind bei jedem unterschiedlich.

87. Gibt es eine Art Gütesiegel für politisch korrekte Mode? Die Diskussionen um nachhaltige und auf «politisch korrekte» Weise hergestellte Mode haben in den vergangenen Jahren enorm zugenommen. Viele Firmen haben sich das Prinzip «fair produzierter» und umweltunschädlicher Kleidung auf die Fahnen geschrieben, doch ist es für den Verbraucher beinahe unmöglich, dieses selbstständig nachzuprüfen (das geht allenfalls bei kleinen Labels, deren Macher er persönlich kennt). Verbindliche Standards müssen also her, die dann durch ein Siegel bestätigt werden. Einige Siegel gibt es bereits seit längerer Zeit, doch berücksichtigen sie meist nicht alle Aspekte «politisch korrekter» Kleidung. Weit verbreitet ist z. B. der «Öko-Tex Standard 100», der Schadstoffgehalt und Gesundheitsverträglichkeit der Textilien mit Grenzwerten prüft, die zum Teil nur gering über die gesetzlichen Vorgaben hinausgehen. Die Produktionsbedingungen werden hier allerdings nicht berücksichtigt. Dies leistet das Siegel «Öko-Tex Standard 1000». Die Unternehmen müssen dabei festgelegte Kriterien bezüglich eines umweltverträglichen Herstellungsprozesses erfüllen. Die strengsten Kriterien stellt der «Öko-Tex Standard 100plus» auf – hier sind die Grenzen für Schadstoffe eng gezogen, die Umweltverträglichkeit und die Bedingungen innerhalb der gesamten Produktionskette werden mit einbezogen. In Deutschland ist dieses Siegel allerdings bisher erst einmal vergeben worden, nämlich an den Hemdenhersteller Eterna. Alle drei Siegel sind an dem Etikett «Textiles Vertrauen» im Kleidungsstück zu erkennen. Einige Firmen haben auch ihre eigenen Siegel, die dann jedoch keine Allgemeingültigkeit haben. Auf einem guten Weg befindet sich ein relativ neues Siegel, der international angelegte «Global Organic Textile Standard», kurz: GOTS. Entwickelt wurde er vom Internationalen Verband der Naturtextilwirtschaft in Deutschland sowie ähnlichen Zusammenschlüssen in anderen Ländern. Die Anforderungen sind dabei relativ hoch, wobei GOTS sowohl die Fasern selbst als auch deren Verarbeitungsprozess prüft. Ein Produkt, welches das GOTS-Label tragen will, muss mindestens zu 90 Prozent aus Naturfasern bestehen (lediglich bei Socken, Leggings oder Sportbekleidung liegt der zugelassene Anteil an synthetischen Fasern bei 25 Prozent). Min-

Öko-Kleidung fashionable: Enwurf von Miguel Adrover für hessnatur

destens 70 Prozent der Fasern müssen von Pflanzen oder Tieren aus kontrolliert biologischer Landwirtschaft stammen. Zudem müssen soziale Mindeststandards bei der Herstellung erfüllt werden: Kinderarbeit ist dabei gänzlich untersagt, auch sind Mindestlöhne vorgeschrieben. GOTS könnte tatsächlich «das» Öko-Siegel der Zukunft werden. Die Kriterien sind streng, doch nicht unrealistisch (das ebenfalls durch den IVN zertifizierte «BEST»-Siegel mit den wohl strengsten Anforderungen der Branche ist sehr viel schwieriger zu erhalten). Schon 2800 Betriebe haben sich weltweit nach dem GOTS zertifizieren lassen.

88. Kann Öko-Kleidung fashionable sein? Allerdings. Wer sich heute ökologisch korrekt kleiden möchte, braucht nicht mehr wie früher in Sack und Asche zu gehen. Es gibt eine Reihe von guten modischen Labels, die ganz und gar oder zumindest zum Teil ökologisch produzieren und richtig «angesagte» Sachen herstellen. Im High-End-Bereich sticht das dänische Designerlabel Noir heraus, das sich umweltfreundliche und sozialverträgliche Produktionsbedingungen auf die Fahnen geschrieben hat. Noir setzt auf einen coolen sexy Look mit einem Hauch von Romantik. Die Britin Stella McCartney produziert zwar nicht alles ökologisch, doch experimentiert sie immer wieder mit umweltgerechten Materialien, verkauft z. B. Unterwäsche aus Bio-Baumwolle und Öko-Kosmetik. Doch hat McCartney, eine der wichtigsten Designerinnen überhaupt und glühende Umweltaktivistin, ebenso wie einige Hollywood-Stars und Models stark dazu beigetragen, dass «ökologisch» und «politisch korrekt» in Mode kommen konnten. In Deutschland gilt die Berliner Designerin Magdalena Schaffrin als Schlüsselfigur der Öko-Avantgarde. Ihre Entwürfe wirken luxuriös und understated zugleich und sind aus umweltfreundlichen Materialien hergestellt. Schaffrin hat auch den «Green Showroom» mit initiiert, bei dem verschiedene Designerlabels in einem stilvollen Ambiente in Berlin und Paris den Händlern nachhaltig gefertigte Kleidung und Accessoires zusammen präsentieren. Eine der wichtigsten Vorreiterinnen «grüner» stylisher Kleidung ist die Britin Katherine Hamnett, die sich schon Ende der 80er-Jahre des Themas annahm und auf ökologische Baumwolle umstellte. Schon vorher galt sie als «Polit»-Designerin, die sich immer wieder für gesellschaftlich relevante Themen einsetzte. Zum Teil druckte sie ihre Botschaften in Großbuchstaben auf T-Shirts, die die Mode- und Musikwelt begeistert als «Fashion Items» aufnahm. Hamnett ist allerdings eher im Jeans- und Freizeitbereich als im Prêt-à-Porter angesiedelt. Neben ihr gibt es noch einige superschicke Jeans-Labels mit ökologischem Anspruch wie Kuyichi aus den Niederlanden, Nudie Jeans aus Schweden oder Edun aus Irland, gegründet von U2-Frontmann Bono und seiner Frau Ali Hewson. Neben diesen bekannteren existieren zahlreiche kleine feine Label mit Nachhaltigkeitsanspruch (z. B. «Vilde Svaner» aus Weimar oder Julia Starp aus Hamburg), und ihre Zahl steigt immer weiter. Auch früher als eher bieder geltende Anbieter mit organischer Produktion haben sich inzwischen mächtig ins Zeug gelegt, um modischer zu werden. Der Naturmodenversender hessnatur etwa arbeitet seit einiger Zeit mit dem spanischen Top-Designer Miguel Adrover zusammen und hat inzwischen noch eine Kooperation mit der jungen amerikanischen Stil-Queen Eviana Hartmann begonnen.

89. Was sind Outlets und warum gibt es sie? Hinter dem Begriff «Outlet» oder «Factory Outlet» verbirgt sich das, was man früher als «Fabrikverkauf» bezeichnete. Ob nun wirklich nahe der «Fabrik» (wie wir aus Frage 83 wissen, gibt es in Deutschland davon ja gar nicht mehr so viele) bzw. dem Werk eines Textilherstellers gelegen oder in eigenständigen anderen Räumlichkeiten: Entscheidend ist, dass der Hersteller hier seine Waren direkt an den Kunden verkauft und nicht über einen Händler. Die Produkte in «Outlets» sind deutlich günstiger als im normalen Verkauf. Abschläge von 30 bis 60 Prozent sind die Regel. Schließlich müssen weder Groß- noch Einzelhandel daran verdienen. Daher erfreuen sich Outlets auch zunehmender Beliebtheit. In den USA gibt es zahlreiche große Factory-Outlet-Center (FOC) mit Läden verschiedenster Marken, die kleinen Dörfern gleichen. Auch in Europa werden Outlets immer beliebter. Groß und recht bekannt ist beispielsweise das Wertheim Village in der Nähe von Frankfurt, das 110 Marken, darunter Top-Labels wie Aigner, Strenesse, Bally oder Escada, versammelt. Diese bieten hier ihre Vorjahreskollektionen an.

Natürlich würden die Einzelhändler Sturm laufen, wenn die Industrie über ihre eigenen Outlets genau die Waren anbieten würde, die man in den Boutiquen oder Kaufhäusern zu einem viel höheren Preis findet. Die Modelabels ihrerseits sind auf diese Händler angewiesen, die Läden in teuren Innenstadtlagen führen, die Ware entsprechend präsentieren und über eine ganz andere, auf den Endkunden zugeschnittene Logistik verfügen, als dies in einem meist sehr schmucklosen, am Stadtrand oder nahe Ballungsgebieten gelegenen und unaufwendig geführten Outlet der Fall ist.

So werden im Outlet dann auch andere Dinge angeboten: etwa die sogenannte Zweite Wahl (also Waren mit kleinen Fehlern), Auslaufmodelle, Übermengen (Produziertes, das die Händler nicht abgenommen haben), Restposten, Retouren oder Modelle aus vorangegangenen Saisons. Die echte «heiße», topmodische und begehrte Ware hingegen kommt nicht in den Fabrikverkauf. Outlets bieten der Industrie eine Möglichkeit, mit Produkten, die sonst nicht oder nur schwer verkauft werden, noch Umsätze zu generieren. Damit schaffen sie eine echte Win-win-Situation: Der Verbraucher profitiert davon genauso wie der Hersteller. Der Händler hat dabei keine Einbußen, es sei denn, der Outlet-Verkauf einer Marke ist zu stark mit dem im Laden zu vergleichen. Es gibt auch Outlets, die nicht direkt vom Hersteller betrieben werden, sondern in denen die Händler Restposten, Zweite-Wahl-Ware oder Überhänge verschiedener Anbieter versammeln. Das wohl bekannteste von ihnen ist das «Century 21» in New York, das selbst mittlerweile zu einer Art Markenzeichen geworden ist und Kultcharakter besitzt. Es nennt sich allerdings nicht «Outlet», sondern «Designer Discount Department Store».

90. Warum kann ich Ende Januar keine Winterkleidung mehr kaufen und Ende August keine Sommersachen? Manchmal ist es wie verhext. Wird es nach einem milden Dezember im Januar knackig kalt, sind weit und breit keine dicken Daunenjacken mehr zu finden. Oftmals sind diese schon im September angeboten worden, und wer sie trotz spätsommerlicher Temperaturen nicht schwitzend anprobiert und erworben hat, findet hinterher keine einigermaßen gut aussehenden Modelle mehr. Die Mode arbeitet eben in Saisons: Der

Richtig gekleidet für die Hitze. Modefoto von
F. C. Gundlach

Winter endet im Januar, der Sommer im August. Während einer
laufenden Saison kommt zwar immer wieder neue Ware in die
Geschäfte (bei vertikalen Anbietern sogar eigentlich fast ununter-
brochen), doch sind dank des hohen Informationsgrades vieler
Verbraucher begehrte Artikel beinahe sofort «weg». Das Internet mit
seinen vielen Websites und Blogs für Modeinteressierte hat dies noch
einmal beschleunigt. Die Trendteile muss man sich tatsächlich
schnell schnappen. Wer sich mit Ladenhütern begnügt, bekommt
natürlich noch dicke Jacken im Januar und Badeanzüge im August.
Doch da die Händler ihre Lager räumen müssen und Platz für die
neue Ware schaffen, ist irgendwann Schluss. Dann gibt es einfach
nichts mehr. Fläche kostet einen Händler viel Geld, und daher kann
er es sich selten leisten, bis in das Frühjahr hinein dicke Jacken zu
stapeln. Zumal viele Verbraucher schon zu Beginn des Jahres oder am
Ende des Sommerurlaubs Lust auf die neue Mode haben.

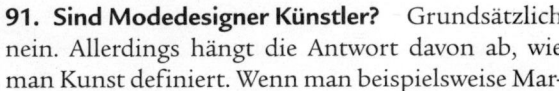

Nochmal ganz grundsätzlich

91. Sind Modedesigner Künstler? Grundsätzlich nein. Allerdings hängt die Antwort davon ab, wie man Kunst definiert. Wenn man beispielsweise Marcel Duchamp (1887–1968) folgt, der allein schon durch die Auswahl einen Gegenstand zu Kunst erklärte, dann kann jedes T-Shirt ein Kunstobjekt sein. Sieht man Kunst jedoch als einen zunächst nicht zweckgebundenen schöpferischen Akt an, in dem sich eine Weltsicht Bahn bricht, dann bleibt Mode erst einmal Mode. Schließlich ist sie primär zum Anziehen da und nicht als Ausstellungsstück gedacht. Zudem ist sie in der Regel an einen kommerziellen Zweck gebunden. Kunst hingegen sollte im besten Fall frei sein, auch wenn dies sicher nur selten der Realität entspricht. Auch die Auftragskunst der Renaissance war meist finanziell getrieben. Doch sollte man deswegen das Ideal einer freien Kunst nicht gleich entsorgen. Und diese in vorauseilendem Gehorsam der Mode zuschlagen.

Es gibt einige Modedesigner, die sich wie Künstler geben. John Galliano etwa scheint um seine meisterhaft inszenierte Erscheinung eine Art Geniekult entfachen zu wollen. Modenschauen wie die des holländischen Duos Victor & Rolf erscheinen manchmal wie eine Kunstperformance. Zuletzt nahmen die beiden in ihrer Präsentation für Herbst/Winter 2010 an dem Model Kristen McMenamy einen beeindruckenden Be- und Entkleidungsakt vor. McMenamy wirkte dabei wie die mechanische Puppe Olympia aus E.T.A. Hoffmanns Novelle «Der Sandmann».

Umgekehrt gibt es zahlreiche Künstler, die ihre Werke in den Dienst von Modelabels stellen. Vanessa Beecroft ließ vor ein paar Jahren nackte Frauenkörper den Markennamen von Louis Vuitton nachbilden. Das Ganze wurde dann auf einer Modeparty des französischen Luxushauses präsentiert. Natürlich war das keine Mode, aber war es wirklich Kunst? Tracey Emin war da fast konsequenter und gestaltete richtig ordentliche Handtaschen für Longchamp. Immer wieder haben Künstler/innen Mode entworfen. Sonia Delaunay (1885–1979) etwa oder Andy Warhol. Überhaupt Warhol: Er hat maßgeblich dazu beigetragen, dass Mode- und Kunstwelt immer mehr zusammengerückt sind. Heute verschwimmen die Grenzen, und das ist wirklich bedauerlich. Es führt nämlich nicht unbedingt dazu, dass Mode besser aussieht. Wer hat schon wirklich Lust, in albernen Kleidern herumzulaufen, die wie eine Lichtinstallation oder wie eine Leinwand aussehen oder die als Happening inszeniert wurden? Als der Belgier Martin Margiela 1997 anhand von Kleidern, die mit Bakterien imprägniert worden waren, den Prozess der Vergänglichkeit demonstrierte, taugte dies schon fast für die Documenta. Zum Glück jedoch musste niemand die irgendwann Lumpen gleichenden Stücke anziehen.

Manchmal allerdings rückt Mode wirklich auf anrührend schöne Weise in die Nähe von Kunst. Die letzte Kollektion, die der britische Designer Alexander McQueen vor seinem Selbstmord (im Februar 2010) entworfen hat, ließ einem schier den Atem stocken. McQueen war einer der wenigen, die virtuos ihre Mode in die Nähe von Kunst rücken konnten. Schon mit seinen Schauen wie etwa der für Frühjahr/Sommer 1999, die mit «Creating An Art Piece» betitelt war, tat er das häufig. Doch primär war McQueen, der vor seinem Studium an der Savile Row die Schneiderkunst erlernt hatte, ein verdammt guter Modedesigner und zum Glück für seine Kollektionen eben kein Pseudo-Künstler.

92. Wie wird man Designer? Es gibt durchaus unterschiedliche Wege zum Designerdasein. Tom Ford zum Beispiel hat Kunstgeschichte und Architektur studiert, bevor er sich anschickte, einer der wichtigsten Fashion-Gurus des ausgehenden 20. Jahrhunderts zu werden und Gucci zur damals begehrtesten Marke der Welt zu machen. Die Deutsche Iris von Arnim war Fotografin, Journalistin und PR-Frau, bevor sie – aufgrund eines schweren Autounfalls wochenlang ans Krankenhausbett gefesselt – begann, selbst entworfene Pullover zu stricken. Heute gilt sie als «Cashmere-Queen» mit einer äußerst renommierten eigenen Firma. Doch der gängigste und auch sicherste Weg, Modedesigner zu werden, führt über ein Studium an einer guten Modeschule. Die wohl wichtigsten in Europa sind das Central Saint Martins College of Art & Design in London und die Königliche Akademie der Schönen Künste in Antwerpen. Stella McCartney, Phoebe Philo, Gareth Pugh, John Galliano und Alexander McQueen waren allesamt Absolventen von

Central Saint Martins. Ihre nicht minder berühmten Kollegen Dries van Noten, Ann Demeulemeester, Bernhard Willhelm oder Martin Margiela haben die Antwerpener Akademie besucht. In den USA gilt Parsons The New School for Design in New York als erste Wahl. Marc Jacobs und Donna Karan haben hier zum Beispiel studiert (Tom Ford übrigens auch, aber eben nicht an der Fakultät für Mode). Auch in Deutschland gibt es sehr angesehene Modeschulen, auch wenn diese nicht so viel Glamour verströmen wie die in Antwerpen, London oder New York. Die Esmod in Berlin und München, die Berliner Universität der Künste sowie die Kunsthochschule Berlin-Weißensee zählen hierzu, aber auch die Deutsche Meisterschule für Mode in München oder die Hochschule für Gestaltung, Technik und Wirtschaft in Pforzheim.

Hier muss man natürlich erst einmal angenommen werden – die Bewerbungsvoraussetzungen sind zum Teil sehr streng. Central Saint Martins etwa setzt für einen Studienplatz im Bereich Modedesign bereits ein Grundstudium in Kunst und Design mit einem guten Notendurchschnitt voraus. Zudem muss man – wie bei den meisten Modeschulen – durch eine individuelle Mappe seine Eignung für den kreativen Bereich belegen. Interviews mit den Bewerbern gehören ebenfalls zum Prozedere. Die Studiengebühren betragen mehrere Tausend Pfund pro Jahr (sofern man kein Stipendium hat). Die meisten aus Central Saint Martins hervorgegangenen bekannten Designer haben zudem noch eine Schneiderlehre absolviert, in der Regel sogar bei einem bekannten Haus an der Savile Row.

Eine Schneiderlehre ist insgesamt ratsam. Schließlich sollte man beim Entwerfen wissen, wo die Tücken bei der praktischen Übertragung eines theoretischen Modells auf das reale Kleidungsstück liegen. Doch auch mit Schneiderlehre und Modediplom ist man noch nicht Designer. Wer finanzielle Reserven oder vielleicht schon einige Privatkunden hat, kann danach den Sprung in die Selbständigkeit wagen. Oder sich bei einem Modehersteller bewerben und hoffen, angenommen zu werden. Steinig ist der Weg in jedem Fall. Das Designerdasein ist eben kein Kindergeburtstag. Auch wenn es manchmal so wirkt.

93. Können Männer besser Frauenmode machen als Frauen?

Das ist ein alter Streit. Der französische Designer Louis Feraud bestritt, dass Frauen gute Mode – außer für die eigene Person – machen könnten. Coco Chanel giftete, dass männliche (homosexuelle) Designer Frauen wie Transvestiten aussehen ließen. Jenseits dieser Klischees kann man nur feststellen, dass unter den großen Namen der Damenmode deutlich mehr männliche Designer zu finden sind als weibliche. Bahnbrechend wirkten jedoch eher die Frauen. Ob Coco Chanel oder Claire McCardell, Mary Quant oder Donna Karan, Rei Kawakubo (Comme des Garçons), Jil Sander oder Miuccia Prada – sie alle revolutionierten die Art, wie Frauen über Kleidung dachten und wie sie diese trugen. Weibliche Designer haben schlicht den Vorteil, dass sie die Sachen, die sie entwerfen, potenziell auch selbst tragen. Und daher über die Tauglichkeit eines Kleidungsstückes für den Alltag einer Frau intuitiv und richtig befinden können. Auch wenn es zahlreiche Designer wie Yves Saint Laurent oder Giorgio Armani gab und gibt, die hervorragende tragbare weibliche Mode kreieren, kommen von den männlichen Modemachern eher die bühnenreifen, spektakulären und manchmal untragbaren Vorschläge für die Damengarderobe. Sie gehen eher von der Wirkung und Optik eines Kleidungsstückes aus als von der Haptik und Praktikabilität. Doch was wäre die Frauenmode ohne eine gewisse Dramatik und ästhetische Übertreibung? Wenn man eine Art Geschlechterkampf der Designer eröffnen wollte, müsste man «besser» oder «schlechter» wohl eher durch «tragbarer» (auf der Seite der Entwürfe weiblicher Designer) oder «eindrucksvoller» (auf der Seite der Entwürfe männlicher Designer) ersetzen.

94. Warum verkaufen Designer Sachen, die gar nicht zum Anziehen sind?

Giorgio Armani verkauft neben Kleidung und Kosmetik nicht nur Möbel – er hat sogar vor Jahren ein Sportfahrrad entworfen. Modemogul Ralph Lauren führt neben allerlei Interior-Artikeln auch Wandfarbe im Programm. Christian Louboutin kreiert nicht nur exquisite Schuhe, sondern auch köstliche «Macaron»-Kekse (in Zusammenarbeit mit dem französischen Macaron-Spezialisten La Durée). Filippa Knutsson (Filippa K.)

bietet Geschirr an. Und Gucci hat auch schon Hundenäpfe verkauft. Die Vielfalt der Bereiche, in die sich Modedesigner wagen, grenzt fast schon an Idiotie. Warum bleiben sie nicht einfach bei ihrer «Kernkompetenz» und entwerfen lediglich gute Mode, getreu dem klugen Motto «Schuster, bleib bei deinem Leisten»?

Ein Grund liegt auf der Hand: Sie erweitern ihre Produktpalette, um mehr Umsatz zu machen. Die Armani-Kundin kauft mit Sicherheit nicht noch mehr Hosen, nur weil ihr bevorzugtes Label mehr Entwürfe pro Saison liefert. Aber vielleicht nimmt sie ein Teelicht, eine schöne Decke oder, ja, ein Fahrrad mit nach Hause. Marken mit klingenden Namen können aus diesen eben nicht nur im Modebereich Kapital schlagen. Wer in Paris bei Dior einkauft, kleidet vielleicht auch bald sein Kind in «Baby Dior». Und wer sich das nicht leisten kann, kauft zumindest einen Lippenstift oder eine teure Creme. Auch so verspürt er einen Hauch von dem Luxus, für den ein legendäres Modehaus wie Dior steht. Viele Modeunternehmen arbeiten bei der Erweiterung ihrer Produktpalette mit in dem jeweiligen Bereich spezialisierten Lizenznehmern zusammen. Das ist insofern recht praktisch, als der Lizenzgeber sich um den Herstellungsprozess kaum noch kümmern muss. Er muss sich zwar die Gewinne mit dem Lizenznehmer teilen, doch verdient er dafür mit relativ geringem Aufwand einen schönen Zusatzbetrag zu seinen Erlösen durch die Mode. Christian Dior war 1948 der erste Modemacher, der Lizenzen vergab. Mittlerweile sind diese jedoch zurückgekauft. Wenn ein Luxushaus zu viel aus der Hand gibt, verliert es schnell die Kontrolle. Und die Marke droht zu verramschen. Pierre Cardin etwa hat seinen Namen derart extensiv für Lizenzen genutzt, dass kaum noch jemand ein besonders edles oder hochwertiges Produkt mit Cardin assoziiert.

Die Gleichung, dass Kosmetika einem – eventuell sogar im Kernbereich defizitären – Couture-Haus satte Gewinne einfahren können, gilt seit vielen Jahrzehnten. Schon Coco Chanel hat mit dem 1921 auf den Markt gebrachten «Chanel No. 5» einen ungemein erfolgreichen Designerduft lanciert. Ihr Rivale Paul Poiret hatte sogar schon zehn Jahre vorher Parfums angeboten. Relativ neu jedoch ist, dass nicht nur Düfte, Lippenstifte oder Cremes zu einem Modeimperium gehören, sondern auch Bettdecken, Sessel oder

Fahrräder. Dies hängt mit dem Fokus heutiger Marken auf einen «Lifestyle» zusammen. Wie ein einzelnes Kleidungsstück designt oder hergestellt ist, zählt weniger als früher. Natürlich gibt es noch heiß begehrte besondere Trendteile, doch das Image eines Labels ist häufig deutlich wichtiger. Aufgrund der Vielzahl modischer Entwürfe werden diese in der Regel auch austauschbar. Der Lifestyle, den man mit einem Label verbindet, hingegen nicht. Während Ralph Lauren für die Noblesse der reichen Ostküsten-Familien steht, symbolisiert Gucci Sexyness und Chic einer kosmopolitischen Italienerin. Prada steht für Sophistication und Modernität, Yves Saint Laurent für Pariser Eleganz mit versteckter Erotik. Der Kauf eines Produktes der von ihm erwählten Marke gibt dem Verbraucher das Gefühl, Teil von deren Welt geworden zu sein. Je umfassender diese ausgestaltet ist, desto besser. Denn jedes einzelne Produkt trägt zur Verfestigung eines bestimmten Lifestyle-Images bei. Im besten Fall kann es der Modemarke zu einer Anziehungskraft verhelfen, welche sie vorher nicht hatte. Chanel hat wahrscheinlich trotz ihrer großartigen Genialität von wenigen Statements über ihre Entwürfe so profitiert wie von Marilyn Monroes Bonmot über ihr Parfum. Die amerikanische Schauspielerin hatte seinerzeit auf die Frage, was sie im Bett trage, die Antwort «Chanel No. 5» gegeben. Da sie als größtes Sexsymbol des 20. Jahrhunderts galt, verlieh sie damit sowohl dem Duft als auch der Marke Chanel ein gerütteltes Maß an Verführungskraft.

95. Warum mögen Frauen Mode mehr als Männer? Tun sie das wirklich? Oder sind Männer eigentlich ähnlich an Mode interessiert und geben es nur nicht zu? Während wiederum Frauen möglicherweise viel modeinteressierter tun, als sie wirklich sind, schlicht um einem gesellschaftlichen Standard zu folgen? Wie auch immer – zumindest scheint es so, als ob Frauen Mode lieber mögen als Männer. Sie reden häufiger über Trends. Sie werden sehr viel eher mit dem Begriff «Fashion Victim» in Zusammenhang gebracht. Und es gibt viel mehr Modemagazine für Frauen als für Männer. In unserem Kulturkreis ist das weibliche Geschlecht von modischen Entwicklungen abhängiger als das männliche. Dass Frauen Mode gleichsam «im Blut» haben, ist jedoch relativ unwahrscheinlich. Es gibt und gab durchaus Kulturen, in denen Männer sich mehr schmücken als Frauen. In der europäischen Renaissance oder im Barock war die Kleidung beider Geschlechter in wohlhabenden Kreisen ähnlich prächtig. In der Romantik und im frühen 19. Jahrhundert unterschieden sich Männer- und Frauenkleider zwar deutlich, doch schmückten sich viele Männer der Oberschicht durchaus gerne und mit viel Aufwand. Man denke nur an die Dandys. Oder an Lucien de Rubempré, für den in Honoré de Balzacs «Verlorene Illusionen» die Suche nach der richtigen Kleidung und dem richtigen Schneider fast zu einer Art Überlebensfrage für sein Dasein in der höheren Gesellschaft wird. Doch spätestens mit dem 19. Jahrhundert trennten sich die Geschlechter scharf in Sachen Mode. Geschmückte, prächtige und modische Kleidung wurde zu einer weiblichen Angelegenheit. Die arbeitenden Männer des aufstrebenden Bürgertums trugen eher schlichte Anzüge, während ihre Frauen mit ihrem Outfit den erlangten Status demonstrierten. «Strenger als im bürgerlichen 19. Jahrhundert hatte die Mode die Geschlechter nie geteilt. [...] Der in grauschwarzem Tuch unterstrichene, im Understatement belassene Luxus des Mannes findet im Juwel an seiner Seite den passenden, in Seiden und Pelz schwebenden, mit Schmuck behangenen, in bunten Farben schillernden Ausstellungsgegenstand. *Ihr* Schein stellt *sein* Sein zur Schau. Und während die Männer zunehmend Berufskleidung anlegen, beginnt sich die Frau als ‹Frau› anzuziehen», schrieb die Literaturwissenschaftlerin Barbara Vinken über diese Epoche, in der der bürgerliche Anzugträger gleichsam mit einer Art «Modeverbot» belegt wurde.[21] Noch heute ist die Männermode stark durch den Anzug geprägt. Und auch wenn dieser modischen Veränderungen unterliegt und Männer sich heute abhängiger von Trends zeigen als früher, so unterliegt doch die Damenmode deutlich stärkeren Schwankungen und Veränderungen als die Herrenmode. «Schicke» Frauen müssen sich viel öfter modisch umorientieren als «schicke» Männer. Auch wenn sie beide vielleicht Mode gleichermaßen mögen.

96. Was kostet das teuerste Kleidungsstück? 30 Millionen Dollar. Der mit über 150 Karat, in Platin gefasste Diamanten besetzte Bikini, den die Schauspielerin Molly Sims 2006 in einer Fotostrecke

Gisèle Bündchen im millionenschweren «Fantasy Bra» von Victoria's Secret

der Zeitschrift *Sport's Illustrated* trug, gilt als teuerstes Kleidungsstück der Welt. Entworfen hat ihn die Designerin Susan Rosen, aussehen tut das filigrane Gebilde fast wie ein Nichts. Gekauft haben soll ihn kürzlich der von Sexskandalen umwitterte Golfer Tiger Woods, kurz nach der Scheidung von Elin Nordegren.

Auch das wohl zweitteuerste Kleidungsstück der Welt ist keine Robe. Sondern ein Büstenhalter. Das 15 Millionen Dollar teure Modell des Wäscheherstellers Victoria's Secret, das Topmodel Gisèle Bündchen im Jahr 2000 in New York präsentierte, ist über und über mit Edelsteinen, vor allem Rubinen, besetzt. Allerdings ist das teure Ding wahrscheinlich untragbar. Dafür kam es als das teuerste Wäschestück der Welt in das Guinnessbuch der Rekorde. Victoria's Secret lässt jedes Jahr einen mehrere Millionen «schweren», juwelenbesetzten BH präsentieren. Der erste dieser sogenannten «Fantasy Bras» ging 1996 als «Million Dollar Bra» in die Modegeschichte ein und wurde im Katalog der Marke von Claudia Schiffer getragen.

Die teuersten Roben erscheinen da neben den BHs vergleichsweise günstig. Es gab in den vergangenen Jahren mehrere Entwürfe, die jeweils als angeblich «teuerste Kleider» der Welt Furore machten. Im Oktober 2008 etwa wurde bei einem Pokerfestival in Auckland ein Kleid im Wert von etwa einer Million Dollar präsentiert. Von Weitem sah es gar nicht so spektakulär aus, sondern war recht geradlinig geschnitten und aus 200 Plastikkreisen zusammengesetzt. Clou: Die Kreise waren Casino-Chips im Wert von je 5000 Dollar. Der Entwurf wog insgesamt zwei Kilo – eine echte Bürde für seine Trägerin, die frühere Miss Neuseeland Amber Peebles.

Noch schwerwiegender waren Entwürfe, die ein Jahr zuvor Studenten des Bunka College in Tokio erdacht hatten. Aus 1500 österreichischen Goldmünzen kreierten sie eine Robe und zwei dazu passende Jacken im Gesamtwert von ca. 1,2 Millionen Dollar. Allein das Kleid wog rund 10 Kilogramm.

Auch ein Modell der Designerin Alberta Ferretti, das zu wohltätigen Zwecken 2008 in Cannes versteigert wurde, ging als «teuerstes Kleid der Welt» durch die Presse. Mit über einer Million Dollar Wert markierte die fließende Robe in Blasslila allerdings nicht ganz die Spitze des Eisberges, dafür war sie wahrscheinlich die schönste und eleganteste Kreation aller hier genannten.

Locker überboten wurde sie durch ein Brautkleid für rund 12 Millionen Dollar, weiß-silbrig schimmernd mit einer perfekt geschnittenen Corsage und besetzt mit 150 Karat Diamanten. Entworfen wurde es vor gut zwei Jahren von der US-Brautmodenschneiderin Renée Strauss und dem Starjuwelier Martin Katz. Katz hat übrigens auch schon «Fantasy Bras» für Victoria's Secret entworfen.

97. Wie kann ich einen eigenen Stil entwickeln? Sicher nicht, indem ich mich sklavisch an die Vorgaben vieler Modezeitschriften halte. Aber ein wenig in einer *Vogue, Elle, Madame* oder auch *Brigitte* zu blättern, kann schon dabei helfen. Denn auf viele Ideen kommt man einfach nicht von allein. Und dann sollte man sich mit kritischer Distanz fragen: «Welche Farben stehen mir, welche eher nicht?» oder «Kann ich diesen Schnitt tragen, oder sieht er nur an Models gut aus?» Manchmal können Gemälde oder Kinofilme inspirierender wirken als Lifestyle-Magazine. Sie schärfen das Gefühl für Farben und Ästhetik.

Zudem sollte man sich über die eigenen Vorlieben befragen. «Wie richte ich mich ein?», «Was passt zu mir?», «Wie bin ich?» Zu einer romantischen Nostalgikerin mit drei Katzen, vier Wellensittichen, Rosentapeten und einem pastelligen Samtsofa passt kein klarer Purismus. Und ein sportlicher Naturtyp sähe in der Robe einer Femme fatale verkleidet aus. Der Kleidungsstil sollte dem angepasst sein. Wobei er auch durchaus kleine Brüche aufweisen kann, die machen das Eigene aus. Ebenso können Kleidungsstücke aus dem Secondhandshop oder von Flohmärkten einem Outfit die individuelle Stil-Note verleihen.

Die wichtigste Regel jedoch lautet: «Ausprobieren und anprobieren.» Keine Hemmungen in den Läden entwickeln, alles anziehen und trotz des Lobes der Verkäuferinnen auch wieder ausziehen, wenn es nicht passt. Wenn man genug experimentiert hat, kann man dann eine klare Linie entwickeln. Verschwommenheit zerstört den Stil. Doch ein paar kleine Abweichungen sind erlaubt und müssen sogar sein. Schließlich soll das Ganze nicht bemüht wirken, sondern lässig und selbstverständlich.

98. Kann ich mich eigentlich aus der Mode vollkommen heraushalten? Ich glaube kaum. Dazu müsste man ein Einsiedlerdasein führen, jenseits allen Kontaktes mit der menschlichen Zivilisation. Ansonsten hat man allein durch seine Umwelt steten Kontakt zur Mode. Ob man es mag oder nicht, irgendwie verhält man sich dieser gegenüber. Gibt man sich bewusst «unmodisch», hat man schon wieder durch seine Kleidung ein Statement gesetzt. Versucht man, der Mode gegenüber vollkommen gleichgültig zu sein, wird man sich dennoch irgendwann mit den Menschen in seiner Umgebung vergleichen und feststellen, dass man anders angezogen ist als jene. Und was passiert, wenn man sich ganz nach eigenem Gutdünken kleidet, keinerlei Trends beachtet und plötzlich per Zufall die Rocklänge oder Hosenweite gewählt hat, die gerade angesagt ist? Schon ist man wieder drin, im modischen System. Wer da wieder raus möchte, sollte sich schleunigst umziehen.[22]

Auch Menschen in Uniform kommen in ihrem Alltag ständig mit der Mode in Kontakt, zumal ihre Kleidung häufig dem Zeitgeist entsprechend angepasst wird. Man denke nur an die Lufthansa-Stewardessen, die seit 2002 in von Strenesse-Designerin Gabriele Strehle entworfenen Uniformen in die Flugzeuge steigen. Oder die Kleidung der Polizei: Die heutigen blauen Uniformen wurden von Designer Luigi Colani in Zusammenarbeit mit der Bekleidungsfirma Tom Tailor entworfen. Aber auch die alten, die in einigen Bundesländern noch zu sehen sind, stammen aus Designerhand. Der Modemacher Heinz Oestergaard schuf sie in den 1970er-Jahren. Doch auch derjenige, der keine trendgerechte Uniform trägt, verhält sich spätestens nach Dienstschluss irgendwie modisch. Schließlich sind auch Sweatshirt und Jeans von der Mode beeinflusste Kleidungsstücke.

Sogar jemand, der permanent eine Art Uniform trägt, also ein Priester oder eine Nonne, kommt mit der Mode in Kontakt. Zumal es auch bei sakraler Kleidung zeitangepasste Veränderungen gibt, etwa bei den Stoffen. Der Papst hat sogar Extra-Designer, die mit dem Entwurf und der Fertigung seiner Kleidung befasst sind, wie in Frage 52 erörtert wurde. Vielleicht kommen die Kartäusermönche, wie sie in Philip Grönings Film «Die große Stille» zu sehen waren, kaum mit Mode in Berührung. Sie leben wirklich relativ abgeschlossen. Fast wie Einsiedler, doch nicht ganz ohne Kontakt zur menschlichen Zivilisation. Möglicherweise verhalten sich auch die Einwohner Nordkoreas nach unseren Maßstäben nicht modisch. Schließlich leben sie zwangsläufig abgeschieden. Berichten zufolge wurde allerdings Diktator Kim Jong-il im Frühling 2010 aufgrund seiner grauen und kakifarbenen Anzüge mit Reißverschlussjacke von der landeseigenen Parteizeitung zu einem modischen Trendsetter erklärt. Seine Kombinationen seien weltweit «en vogue». Das scheint dem Westen allerdings entgangen zu sein. Aber es zeigt, dass sich selbst Nordkorea nicht aus der Mode heraushält.

99. Was ist ein Fashion Victim? Ein «Fashion Victim», ein Modeopfer, ist jemand, der sklavisch jedem Trend folgt, ohne diesen zu hinterfragen. Und sich dafür auch bereitwillig in große Unkosten stürzt. Angeblich hat der Modeschöpfer Oscar de la Renta den Terminus als Erster in einem Gespräch mit dem Verleger John Fairchild benutzt. Er meinte Menschen, die früher als «Modenarren» oder «Stutzer» bezeichnet wurden, der Mode hörig und nicht mehr fähig, sich zu überlegen, ob ihnen bestimmte Dinge überhaupt stehen. Naturgemäß machen sich solche Leute auch mit ihrem Outfit schnell lächerlich.

Das Phänomen ist also alt. Früher kannte man allerdings die heutige Label-Manie noch nicht. Große Marken arbeiten längst bewusst damit, dass Fashion Victims für ein auf einer Tasche oder einem Shirt aufgedrucktes Logo bereitwillig viel Geld bezahlen, nur damit man sieht, dass sie die entsprechende Marke tragen. Und sich klaglos in eine wandelnde Werbefläche verwandeln. Die amerikanische Journalistin Michelle Lee hat den Modeopfern ein ganzes Buch gewidmet und den Begriff dabei ausgedehnt. Ein Fashion Victim ist demnach beinahe jeder, der – modebegeistert – Dinge trägt, die er eigentlich nicht braucht, und trotz aller Frustrationen und Fehlkäufe versucht, den Trends zu folgen.[23]

Dass allerdings auch Fashion Victims von der Rolle des passiven «Mode-Empfängers» zum aktiven Trend-Sender bzw. –setter werden können, hat eindrucksvoll Victoria Beckham bewiesen. Nach bis ins Lächerliche gehenden Stil-Irrungen und -Wirrungen als Fashion Victim hat sie sich zu einer geschmackssicheren Mode-

Fashion Victim oder Stil-Ikone? Exzentrikerin Anna Piaggi

designerin entwickelt. Ihre Kleider, die sie zuverlässigen Quellen zufolge tatsächlich maßgeblich selbst kreiert, ernten mittlerweile selbst bei den ätzendsten Spöttern der Modewelt Bewunderung.

100. Wie kommt es zu modischen Revivals? Diese Frage führt schon fast in philosophische Gefilde. Denn das in schöner Regelmäßigkeit auftretende Phänomen von Revivals bzw. vom Blick zurück in andere Epochen ist ja bei Weitem nicht nur auf die Mode begrenzt. Man spricht zwar besonders häufig von Retro-Mode – etwa im Stil der 50er-, 60er- oder anderer «ziger»-Jahre –, doch gibt es ähnliche Rückwärtsbewegungen auch im Film, in der Literatur, der Musik, der bildenden Kunst oder der Architektur. Unsere Zeit lebt von Zitaten, die dann allerdings oft neu und interessant zusammengesetzt werden. Das ist auch in der Mode so: Selten tritt ein Entwurf im Seventies-Look wirklich passgenau so auf wie sein Vorbild. Gründe für die Rückwärtsbewegungen gibt es «en masse». Zum einen ist natürlich schon unglaublich viel erfunden, kreiert, entdeckt oder erdacht worden. Zum anderen sind wir ausgesprochen gut über die Vergangenheit informiert, haben sie ständig präsent und ihre Bilder im Kopf. Da scheint kaum noch Raum für neue Formen. Zudem verklärt der Blick zurück natürlich das Gestern, insbesondere in einer Zeit, die viele als zu schnell und hektisch erleben. Die Sehnsucht nach einer im Früher verorteten langsameren und vermeintlich menschlicheren Gangart bricht sich in vielen Bereichen Bahn. Bei den Revivals in allen schöpferischen Bereichen ist also eine Menge Sehnsucht im Spiel.

Schließlich muss man in der Tat zugeben, dass das 20. Jahrhundert derart großartige Designer, Architekten, Künstler oder Komponisten hervorgebracht hat, dass diese Leitbilder schwerlich zu toppen sind. Der enorme Einfluss, den etwa die Bauhaus-Bewegung auf viele kreative Bereiche hatte und hat, ist kaum von neuen Kunstrichtungen zu wiederholen. Zumindest nicht auf die Schnelle. Gerade in Architektur, Interior-Design und Mode sind heute viel mehr Ideen innerhalb kurzer Zeit gefragt als früher. Die Halbwertszeit einer Kreation ist enorm gesunken. Niemand – außer vielleicht ein neuer Picasso – kann Beeindruckendes gleichsam am Fließband liefern. Da ist man fast schon gezwungen, stattdessen aus der enormen Menge des Vorhandenen zu schöpfen.

Vielleicht gelten diese Mechanismen in der Mode noch stärker als in den anderen Disziplinen. Mit ihren immer schneller werdenden saisonalen Rhythmen muss sie oft die größte kreative Geschwindigkeit vorlegen. So kommt es hier wahrscheinlich häufiger zu Revivals als woanders. Auch in der Mode gilt, dass die Stardesigner des 20. Jahrhunderts schwer einzuholen sind. Coco Chanel, Madeleine Vionnet, Cristobal Balenciaga, Christian Dior oder Yves Saint Laurent gelten allesamt noch als große Leitbilder.

So weit die Theorie. Praktisch ausgelöst werden modische Revivals dann oft von relativ konkreten Ereignissen. Die große Yves-Saint-Laurent-Ausstellung 2010 in Paris beispielsweise hat unter den Modemachern ein wahres Saint-Laurent-Fieber erzeugt. Überdeutlich wurde in den Kollektionen für Herbst/Winter 2010/11, dass die meisten Designer in die Ausstellung gepilgert waren. Ein äußerst eindrückliches Beispiel für das Lostreten einer Retro-Welle war auch der Film «Jenseits von Afrika» in den 80er-Jahren. Safari-Look, Chino-Hosen, Kolonialstil und Afrika wurden nach seinem Erfolg von vielen Modemachern aufgenommen. Aber auch weniger spektakuläre Filme können großen Einfluss auf die Laufstege haben. «Das Ende einer Affäre» von 1999 mit Julianne Moore in der Hauptrolle trug maßgeblich zu einem Revival eines eleganten 40er-Jahre-Looks in der Mode bei. Plötzlich trippelten lauter nostalgische Ladies über den Runway. Hier wird vielleicht ein Grund für modische Revivals deutlich, den es in den anderen kreativen Bereichen nicht gibt. Mit der Hinwendung zu den 30er-, 40er- oder 50er-Jahren haben die Designer endlich eine Möglichkeit, einen Total Look in Szene zu setzen. Die Dame im Couture-Kostüm mit passenden Handschuhen, Strümpfen, Pumps und darauf abgestimmter Handtasche, ja vielleicht sogar noch einem Hütchen auf dem Kopf, gibt es heute einfach nicht mehr. Sie ist vollkommen unzeitgemäß und nur als halbironisches «Revival» zu ertragen. Aber sie sieht toll aus.

101. Gibt es überhaupt noch Neues in der Mode? Aber klar! Auch wenn es manchmal nicht so aussieht (s. Frage 100). Doch selbst wenn die Designer auf alte Formen zurückgreifen, verwenden sie meist neue Details. Als im Winter 2009 plötzlich die ausladenden Schultern der 80er-Jahre wieder in Mode kamen, maßgeblich befeuert durch das Label Balmain, sahen diese «Reproduktionen» doch ganz anders aus als die Originale. Statt breit und rundlich wirkten sie schmal und spitz und nannten sich plötzlich Pagodenschultern. Wer genau hinschaut, wird also selbst im vorgeblich Alten Neues entdecken.

Richtig neu und so noch nie da gewesen sind hingegen viele Stoffe. In heutigen High-Tech-Materialien liegt ein enormes modisches Innovationspotenzial. Sie werden immer leichter, immer «intelligenter» (in ihrer Anpassungsfähigkeit an Körper- und Außentemperaturen beispielsweise) und immer variantenreicher. Es gibt mittlerweile sogar superschicke «leuchtende» Kleidung. Hussein Chalayan zum Beispiel zeigte vor ein paar Jahren in Paris eine spektakuläre Kollektion, die sich dem Licht verschrieben hatte. Laserstrahlen spiegelten sich dabei in den Swarowski-Kristallen auf den Entwürfen, in andere Modelle war ein computergesteuertes Video-Display integriert.

Aber auch Schnitte und Formen erscheinen immer wieder mit anderen Gesichtern. Jede Saison prägt einen neuen Look. Wer das nicht glaubt, muss sich nur einmal auf der Website www.style.com durch die Bilder einer Schau von Balenciaga klicken. Designer Nicolas Ghesquière gilt als führender Avantgardist der Mode. Er scheint sich jede Saison neu zu erfinden. Immer wieder anders, immer wieder aufregend. Ohne das Neue gäbe es keine Mode mehr. Und ohne die Mode sehr viel weniger Neues. Schließlich steht sie für den Wunsch des Menschen, sich immer wieder neu zu verorten.

Dank

an Hendrik Ballhausen, Andrea Barthélemy, Martin Bialecki, Nadja Greven, F.C. Gundlach, Rolf Hunsinger, Elisabeth und Michael Illies, Alfons Kaiser, Jürgen Müller, Alexa Osmers, Martin Veit, Andrea Wolf, women5 und Alix Stödter für Bilder oder hilfreiche Anregungen, Zuhören, Mitdiskutieren und die eine oder andere Frage. Besonderer Dank an Stefanie Hölscher, Alexandra Schumacher und Beate Sander vom C.H.Beck-Verlag für die kompetente und hilfreiche Unterstützung. Ein Extra-Dank an meine Familie – meinen Mann Henning Schneider und meine Kinder Sophie und Julius für ihre Liebe, Geduld, das Mitdenken und Ertragen meiner manchmal ziemlich schlechten Laune beim Endspurt (Sophie, du hast prima für ein paar Fragen recherchiert!).

Anmerkungen

1 Vgl. Georg Simmel: «Die Mode», in: Silvia Bovenschen (Hrsg.): «Die Listen der Mode», Frankfurt/M. 1986, S. 179–207.
2 Pierre Bourdieu: «Die feinen Unterschiede. Kritik der gesellschaftlichen Urteilskraft», Frankfurt/M. 1982.
3 Jeroen van Rooijen: *Carla, Grace oder Kate? Stil-Ikonen und was Frauen von ihnen lernen können*, Zürich 2009, S. 16.
4 Max von Boehm: *Die Mode. Eine Kulturgeschichte vom Mittelalter bis zum Barock*, bearbeitet von Ingrid Loschek, München, 5. aktualisierte Auflage, 1996, S. 324.
5 Vgl. René König: *Menschheit auf dem Laufsteg*, Frankfurt/M. 1988, S. 12 ff.
6 Vgl. Wolfgang König: *Geschichte der Konsumgesellschaft*, Stuttgart 2000.
7 Die Antwort auf diese Frage bezieht sich auf die Damenmode. Wenn man auf die Herren schaut, so stellt man zunächst fest, dass sich die Kleidungsgewohnheiten eher durch die Verbreitung der Blue Jeans geändert haben als durch die Kreationen eines einzelnen Modeschöpfers. Schließlich waren die Männer sowohl zu Beginn als auch am Ende des Jahrhunderts meistens Anzugträger. Betrachtet man aber den Herrenanzug als entscheidendes Kleidungsstück zur Beurteilung des wichtigsten Herrenmodedesigners selbst, wird man am Ende wohl Giorgio Armani aufgrund seiner Dekonstruktion des Anzugs den modeschöpferischen Lorbeerkranz aufsetzen.
8 Vgl. Anne Hollander: *Anzug und Eros. Eine Geschichte der modernen Kleidung*, Berlin 1995, S. 72ff.
9 Charles Baudelaire: *Journaux intimes*, in: ders.: *Œuvres complètes*, Paris 1980, S. 386–439, Zitat auf S. 408.
10 Ders.: *Le Peintre da la vie moderne*, in: *Œuvres complètes*, S. 790–815, Ausführungen zum Dandy auf S. 806 ff.
11 Vgl. Colin McDowell: *Youth Revolution*, in: *Fashion Today*, London 2000, S. 44–74.
12 Im Original: *The Devil Wears Prada*, New York 2003.
13 Zitiert aus: Norberto Angeletti, Alberto Oliva: *Vogue. Die illustrierte Geschichte des berühmtesten Modemagazins der Welt*, München 2007, S. 15.
14 Vgl. etwa Franz Robert Jauß' Unterscheidung zwischen Epochenschwelle und Epochenbewusstsein sowie geschlossenem Erfahrungsraum und offenem Erwartungshorizont, die seinen *Studien zum ästhetischen Epochenwandel der ästhetischen Moderne* zugrunde liegt (Frankfurt/M. 1989).
15 Vgl. *New York Law Journal*, 29.3.2002.
16 Eric Wilson: *The Lamb On The Runway*, in: *The New York Times*, 11.8.2005, S. G1 f.

17 Valerie Steele: *Fetisch. Mode, Sex und Macht*, Reinbek bei Hamburg 1996, S. 97.

18 Vgl. zu Champagne als erstem «Coiffeur» der Geschichte und seiner Rolle in der Pariser Damenwelt: Joan DeJean: *The Essence of Style. How the French Invented High Fashion, Fine Food, Chic Cafés, Style, Sophistication and Glamour*, New York 2005, S. 11ff.

19 Alfons Kaiser: *Du bist, was Du trägst. Die Krawatte*, abgedruckt in: Alfons Kaiser/Susanne Kusicke: *Poncho, Parka, Pradatäschchen*, München 2006, S. 38–42.

20 Vgl. hierzu FAZ, 16.8.2010, S. 15.

21 Barbara Vinken: *Mode nach der Mode. Kleid und Geist am Ende des 20. Jahrhunderts*, Frankfurt/M. 1993, S. 19. Vinken sieht allerdings den Beginn dieser «modischen Geschlechtertrennung» schon im 18. Jahrhundert.

22 Dieses Szenario eines sich unmodisch verhaltenden Menschen, der letztlich doch der Mode auf den Leim gehen muss, hat Silvia Bovenschen entwickelt (Silvia Bovenschen: *Über die Listen der Mode*, in: Bovenschen, S. 10–30).

23 Michelle Lee: *Fashion Victim: Our Love-Hate Relationship with Dressing, Shopping, and the Cost of Style*, New York 2003.

Literatur- und Bildverzeichnis

Norberto Angeletti, Alberto Oliva (Hrsg.): *Vogue. Die illustrierte Geschichte des berühmtesten Modemagazins der Welt*, München 2007.

Charles Baudelaire: *Œuvres complètes*, Paris 1980.

Max von Boehm: *Die Mode*, bearbeitet von Ingrid Loschek, München (5. aktualisierte Auflage) 1996.

Pierre Bourdieu: *Die feinen Unterschiede. Kritik der gesellschaftlichen Urteilskraft*, Frankfurt am Main 1982.

Silvia Bovenschen (Hrsg.): *Die Listen der Mode*, Frankfurt am Main 1986.

Nina Garcia: *The Little Black Book of Style*, New York 2007.

Anne Hollander: *Anzug und Eros. Eine Geschichte der modernen Kleidung*, Berlin 1995.

Franz Robert Jauß: *Studien zum Epochenwandel der ästhetischen Moderne*, Frankfurt am Main 1989.

Joan DeJean: *The Essence of Style. How the French Invented High Fashion, Fine Food, Chic Cafés, Style, Sophistication and Glamour*, New York 2005.

Alfons Kaiser/Susanne Kusicke: *Poncho, Parka, Pradatäschchen*, München 2006.

Ian Kelly: *Bean Brummell. The Ultimate Dandy*, London 2005.

René König: *Menschheit auf dem Laufsteg*, Frankfurt am Main 1988.

Wolfgang König: *Geschichte der Konsumgesellschaft*, Stuttgart 2000.

Michelle Lee: *Fashion Victim: Our Love-Hate Relationship with Dressing, Shopping, and the Cost of Style*, New York 2003.

Ingrid Loschek: *Modedesigner. Ein Lexikon von Armani bis Yamamoto*, München 1998.

Axel Madsen: *Chanel. Die Geschichte einer emanzipierten Frau*, München (2. Auflage) 2001.

Colin McDowell: *Fashion Today*, London 2000.

Elena Esposito: *Die Verbindlichkeit der Vorübergehenden: Paradoxien der Mode*, Frankfurt am Main 2004.

Jerry Oppenheimer: *Front Row. Anna Wintour. The Cool Life and Hot Times of Vogue's Editor in Chief*, New York 2005.

Jeroen van Rooijen: *Carla, Grace oder Kate? Stil-Ikonen und was Frauen von ihnen lernen können*, Zürich 2009.

Alice Rawsthorn: *Yves Saint Laurent. Die Biographie*, Reinbek bei Hamburg 2000.

Thomas Rusche: *Kleines SØR-Brevier der Kleidungskultur. Der Ratgeber für den Herrn*, Münster/Hamburg/London (4. vollständig überarbeitete und ergänzte Auflage) 1998.

Stefanie Schütte: *Die großen Modedesignerinnen. Von Coco Chanel bis Miuccia Prada*, München (2. aktualisierte Auflage) 2007.

Valerie Steele: *Fetisch. Mode, Sex und Macht*, Reinbek bei Hamburg 1996.

Dies:: *Women of Fashion. Twentieth-Century Designers*, New York 1991.

Barbara Vinken: *Mode nach der Mode. Kleid und Geist am Ende des 20. Jahrhunderts*, Frankfurt am Main 1993.

Lauren Weisberger: *The Devil Wears Prada*, New York 2003.

Trinny Woodall & Susannah Constantine: *What your clothes say about you. How to look different, act different and feel different*, London 2006.

Bildnachweis

S. 17: © Hendrik Ballhausen; S. 21/Vignette: Illustration © 2004 Joel Stewart. From Tales of Hans Christian Andersen translated by Naomi Lewis & illustrated by Joel Stewart. Published in the German language by Patmos Verlagshaus. Reproduced by permission of Walker Books Ltd, London SE11 5HJ; S. 24: © Getty Images/Masaaki Toyoura; S. 29: © Getty Images/FPG; S. 30: © Getty Images; S. 39/Vignette: © Getty Images/Hulton Archive/Stringer; S. 41: © ullstein-bild/Roger Viollet/Mariano Fortuny; S. 47: Getty Images/Richard McCaffrey; S. 55/Vignette: © Hendrik Ballhausen; S. 58: © Getty Images/Paul Hawthorne; S. 62: © WireImage/Steve Granitz; S. 66: © Annebicque Bernard/Corbis Sygma; S. 72: WireImage, Foto: Tony Barson; S. 74: © WireImage/Nick Harvey; S. 76: © Time & Life Pictures/Paul Schultzer; S. 78: © Getty Images; S. 80/Vignette: © Time&Life Pictures/Getty Images; S. 82: © Getty Images; S. 88: © Uman. Aufgenommen im Uman Concept Room, Mailand; S. 94: © Getty Images/Bloomberg; S. 97: © Martin Veit; S. 99/Vignette: © ullstein-bild/united archives; S. 104: WireImage/Foto: Ron Galella; S. 112: WireImage/John Shearer; S. 116/Vignette: © FREITAG lab.ag/FREITAG F95 Horst Image Bild (aus der nicht mehr verfügbaren FREITAG «Derrick» Linie, FREITAG DERRICK MANCIPATION; S. 118: Sinopix/laif, Foto: Richard Jones; S. 124: © hessnatur; S. 128/Vignette: © Fotograf F.C. Gundlach: «Vor den Cheopspyramiden», Karin Mossberg und Micky Zenati für Radium Op Art-Fashion, Badekappen mit weißen Blenden, Gizeh, Ägypten 1966; S. 136/Vignette: © WireImage/James Devaney; S. 141: © Hendrik Ballhausen

Aus dem Verlagsprogramm

Mode und Lifestyle in der Beck'schen Reihe

Frau und Gesellschaft in der Beck'schen Reihe

Cathrin Kahlweit
Jahrhundertfrauen
Ikonen, Idole, Mythen
Herausgegeben von Cathrin Kahlweit
2. Auflage. 2001. 331 Seiten. Paperback
Beck'sche Reihe Band 1301

Julia Onken
Zurück ins Gleichgewicht
Vom Abnehmen und über das Glück, das eigene Maß zu finden
2008. 139 Seiten. Paperback
Beck'sche Reihe Band 1861

Rotraud A. Perner
Die Tao-Frau
Der weibliche Weg zur Karriere
2. Auflage. 1997. 240 Seiten. Paperback
Beck'sche Reihe Band 1221

Claudia Quaiser-Pohl, Barbara Reichle
Kinder, Küche, Konferenzen
Oder Die Kunst des Jonglierens
Unter Mitarbeit von Judith Glück, Eva Neidhardt, Brigitte Rollett
und Oliver Vitouch
2007. 219 Seiten. Paperback
Beck'sche Reihe Band 1686

Anna Eunike Röhrig
Klug, schön und gefährlich
Die 100 berühmtesten Frauen der Weltgeschichte
2. Auflage. 2010. 125 Seiten mit 57 Abbildungen. Paperback
Beck'sche Reihe Band 1764

Verlag C. H. Beck München

Kulturgeschichte bei C.H.Beck

Hans Peter Althaus
Kleines Wörterbuch der Weinsprache
2006. 192 Seiten. Halbleinen

Niklaus Largier
Die Kunst des Begehrens
Dekandenz, Sinnlichkeit und Askese
2007. 188 Seiten mit 20 Abbildungen. Leinen

Peter Peter
Cucina e cultura
Kulturgeschichte der italienischen Küche
2. Auflage. 2007. 184 Seiten mit 151 Abbildungen. Halbleinen

Ingeborg Walter, Roberto Zapperi
Das Bildnis der Geliebten
Geschichten der Liebe von Petrarca bis Tizian
2007. 160 Seiten mit 18 Abbildungen, davon 9 in Farbe. Gebunden

Ingeborg Weber-Kellermann
Frauenleben im 19. Jahrhundert
Empire und Romantik, Biedermeier, Gründerzeit
4. Auflage. 1988. 245 Seiten. Kartoniert

Verlag C. H. Beck München